Patricia Lages | Life Planner

Este planner pertence a

_____

e será usado

do mês de _____ *de* _____

ao mês de _____ *de* _____

Você: protagonista da sua vida

Este planner foi desenvolvido para acompanhá-la pelos próximos 365 dias e o objetivo é que você seja a personagem principal da sua vida em cada um deles. Isso não significa que você vai fazer apenas o que quiser, quando quiser e do jeito que quiser, colocando-se acima de tudo e de todos, mas, sim, que não permitirá que o tempo passe diante dos seus olhos, levando embora dias preciosos enquanto você só observa.

Ser a protagonista da sua vida é sair do modo automático e passar a ser intencional em tudo o que faz, desde as tarefas mais simples até as mais importantes. Você não levanta da cama pela manhã apenas porque o despertador tocou, mas porque tem objetivos definidos para aquele dia e vai fazer tudo o que puder para alcançá-los.

Quando você se torna uma pessoa definida, tudo flui melhor. Não porque tudo dará certo, mas porque você faz escolhas conscientes e intencionais e sabe que a vida é feita de experiências — boas e más — que nos ensinam a ser pessoas melhores. E aqui vai um segredinho: para ser protagonista é preciso conhecer muito bem a personagem que interpretará o papel principal da história: você!

O autoconhecimento é um passo fundamental para que você assuma o controle da sua vida. Por isso, preparei um material para ajudá-la a ter uma visão 360 graus de si mesma. Nas próximas páginas, você encontrará testes, análises, dicas, sugestões, técnicas e espaços reservados especialmente para você. Defina prazos para implementar novos hábitos, afinal, se você melhorar 1% a cada dia, certamente terá um ano incrível!

Confira tudo o que preparamos para você e, para mais dicas sobre finanças, empreendedorismo e desenvolvimento pessoal, siga-me nas redes!

@patricialagesoficial   Patricia Lages   www.bolsablindada.com.br

Patricia Lages

Roda do Equilíbrio da Vida - Análise Inicial

Este teste vai ajudá-la a analisar doze aspectos da sua vida em quatro grandes áreas. Dê uma nota de 1 a 10 para cada aspecto, de acordo com a sua realidade hoje (e não como gostaria que estivesse). Para ficar mais visual, pinte cada área de uma cor conforme a nota: se "Saúde e Disposição" merece nota 5, pinte as casinhas de 1 a 5. Se alguma área importante para você estiver com notas baixas, foque em melhorá-la.

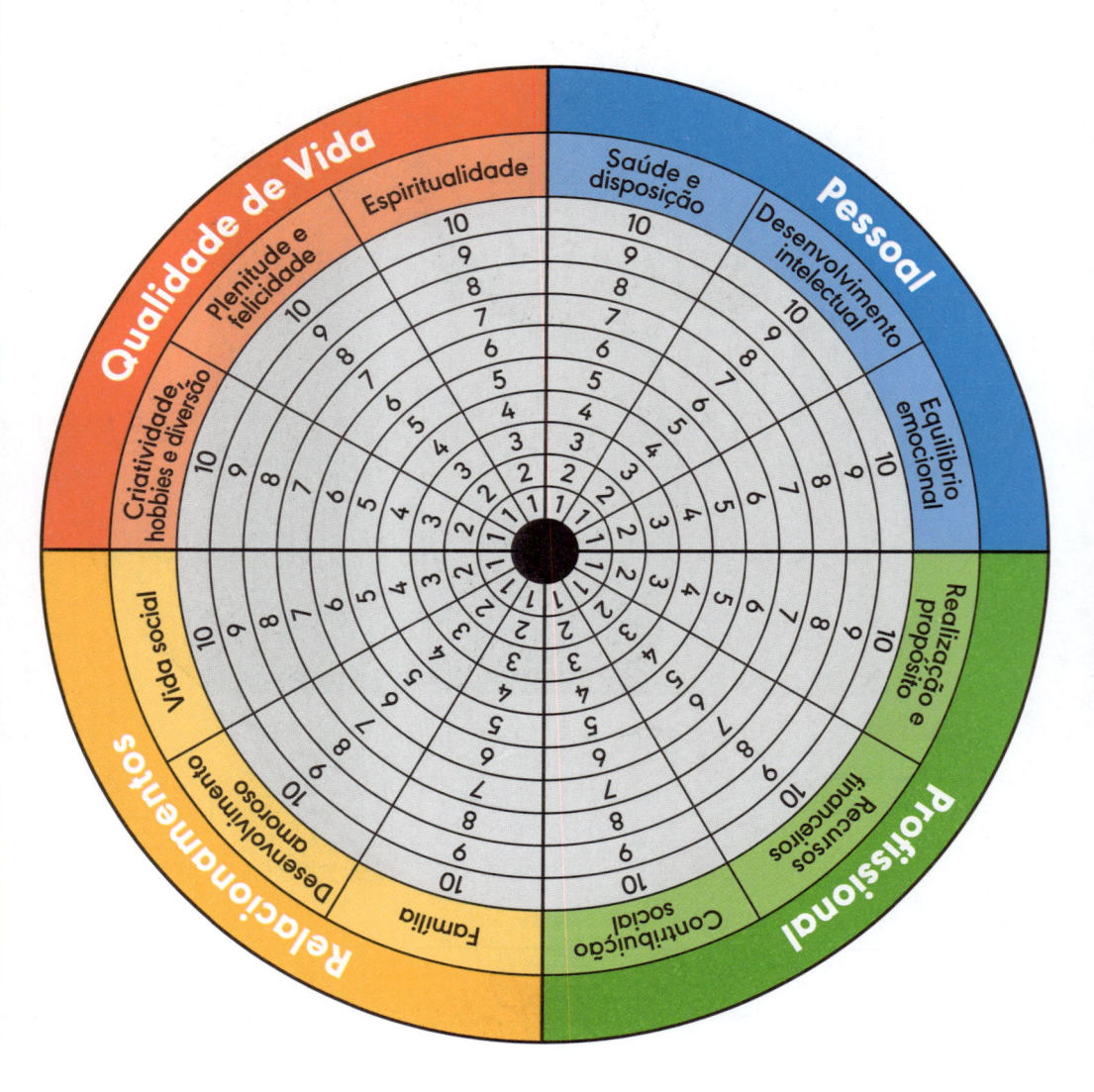

Roda do Equilíbrio da Vida - Reanálise após 6 meses

Repita o teste depois de 6 meses e anote no espaço abaixo sua evolução.

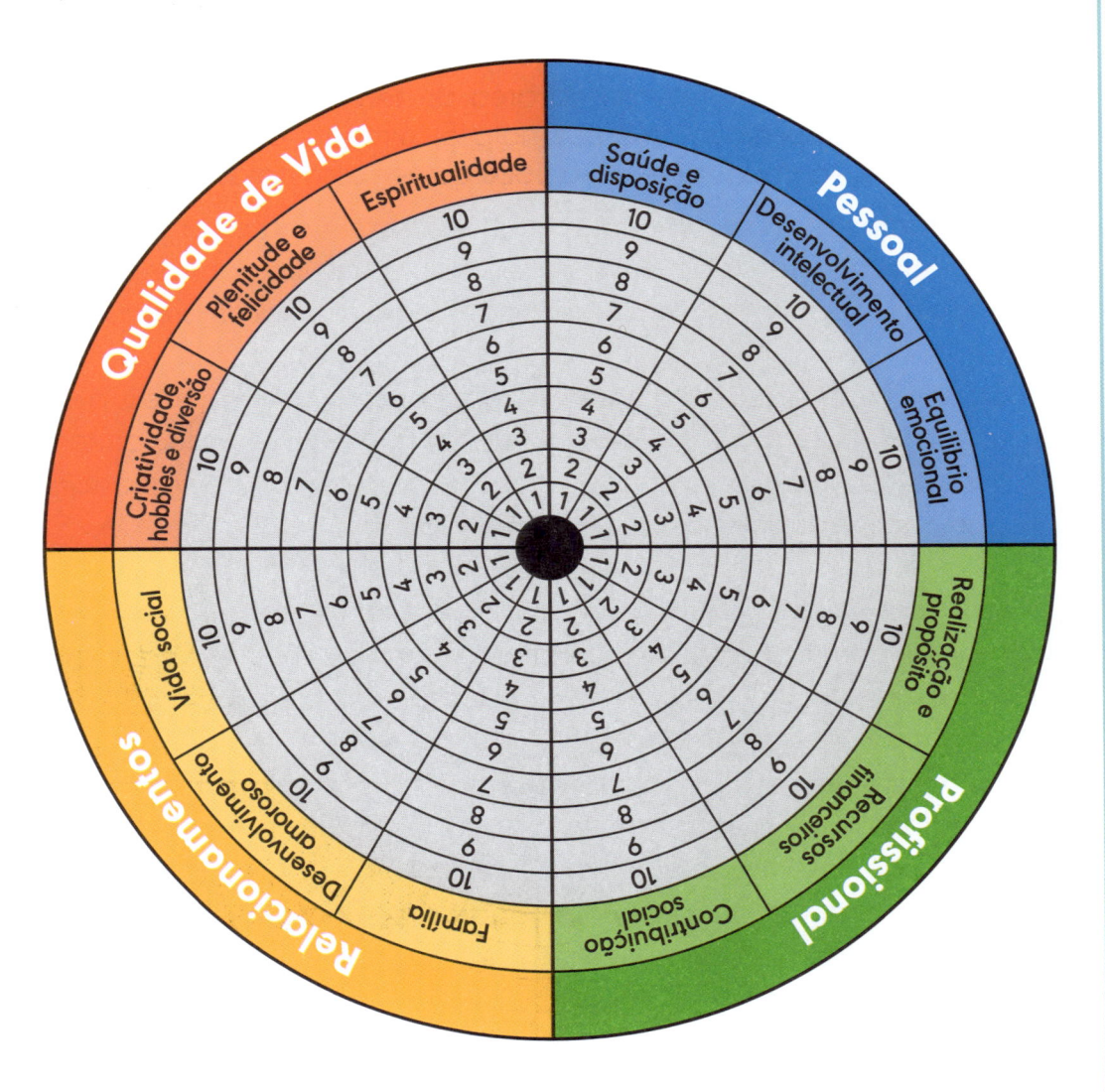

Análise de Evolução:

_____
_____
_____
_____

Matriz SWOT

Este teste (que em português chamamos de FOFA) tem o objetivo de entender quatro pontos importantes na sua vida: **FORÇAS, OPORTUNIDADES, FRAQUEZAS** e **AMEAÇAS**. Ele foi criado para ajudar no desenvolvimento de estratégias de negócio, mas também serve para o seu desenvolvimento pessoal.

Preparamos duas matrizes para que você use uma para analisar a si mesma (sob o ponto de vista profissional) e a outra considerando o seu negócio. Seguem algumas definições para facilitar a tarefa:

Forças – tudo que representa uma vantagem que você ou o seu negócio tem sobre a concorrência. *Exemplo nos negócios:* atendimento de qualidade superior à concorrência. *Exemplo na carreira:* você é bilíngue, mas seus colegas de trabalho não são.

Fraquezas – tudo que representa uma desvantagem que você ou o seu negócio tem em relação à concorrência. *Exemplo nos negócios*: a concorrência tem site mais interativo. *Exemplo na carreira:* você não é pontual e sempre é chamada à atenção por isso.

Oportunidades – quando um fator externo cria um cenário favorável para você ou seu negócio. *Exemplo nos negócios:* uma celebridade fala bem de um produto que você vende e aumenta a busca por ele. *Exemplo na carreira:* surgimento de vaga no seu perfil.

Ameaças – quando um fator externo cria um cenário de risco para você ou seu negócio. *Exemplo nos negócios:* ano com inverno curto e você produz roupas de frio. *Exemplo na carreira:* anúncio de corte de funcionários.

Depois de preencher as matrizes, pense em estratégias para minimizar os pontos fracos e as ameaças.

Para sua carreira profissional

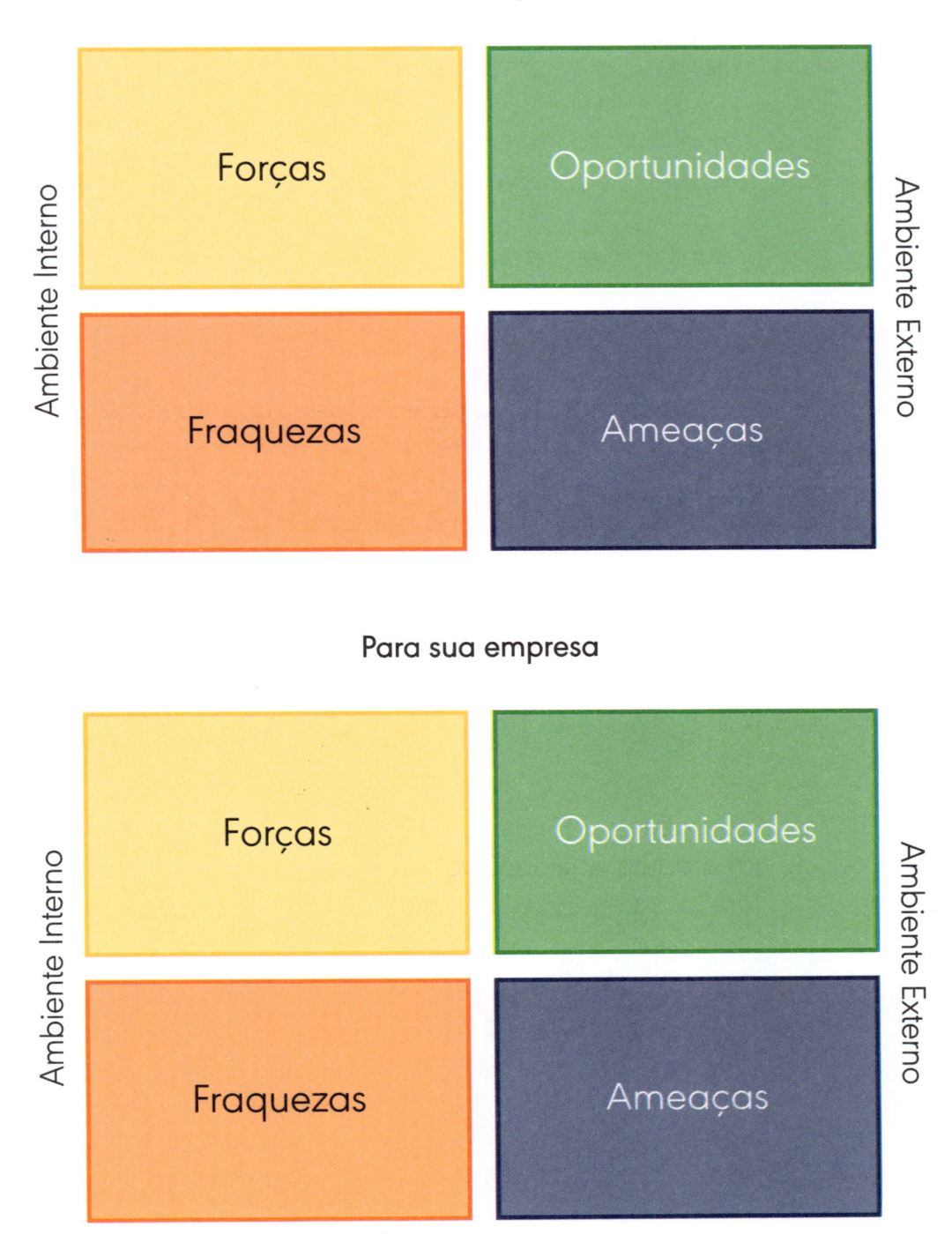

Forças	Oportunidades
Fraquezas	Ameaças

Ambiente Interno · Ambiente Externo

Para sua empresa

Forças	Oportunidades
Fraquezas	Ameaças

Ambiente Interno · Ambiente Externo

Descubra seus pontos fortes

Você já percebeu que desde criança somos ensinadas a focar nos nossos pontos fracos, enquanto não damos muita atenção aos nossos pontos fortes?

Na escola, um aluno que é muito bom em uma matéria, mas vai mal em outra, não é incentivado a se aprimorar no que se destaca, mas, sim, levado a focar na disciplina em que não é bom.

Já imaginou como seria a sua carreira profissional hoje se você tivesse sido estimulada a desenvolver aquilo em que se destacava desde a escola? Você seria ainda melhor e ficaria acima da média nessa área.

E em vez disso, somos levadas a investir muito mais tempo no que não é natural para nós só para tirarmos notas que nos façam "passar de ano", quando, na verdade, a vida real vai muito além disso! Essa é uma das razões que faz com que muitas pessoas nem sequer saibam quais são seus talentos naturais. Contudo, isso pode mudar agora mesmo, pois quero que você...

Invista nos seus talentos!

Se você investir seu tempo em se aprimorar naquilo em que já é boa, você será ainda melhor. E sendo melhor do que a maioria, você terá muito mais condições de agarrar as oportunidades que surgirem!

Se você não tem ideia de quais são os seus pontos fortes ou quer ter certeza de quais são as suas aptidões naturais, sugiro que você adquira um livro que pode ajudar – e muito – na sua jornada rumo ao autoconhecimento.

PATY INDICA

O livro *Descubra seus pontos fortes 2.0* (Tom Rath, Ed. Sextante), traz a Psicologia dos Pontos Fortes, de Donald O. Clifton, que criou o teste CliftonStrengths, baseado em pesquisas do Instituto Gallup com mais de 2 milhões de pessoas.

"Em vez de trabalhar ativamente para aprimorar o que temos de melhor, devotamos tempo e esforço para consertar nosso desempenho nas áreas em que não nos saímos muito bem. Não existe receita mais certeira para a frustração e a mediocridade do que passar a vida nos dedicando ao que fazemos de pior", destaca o autor.

O livro vem com um código único para que você faça o teste e descubra seus cinco principais pontos fortes, por isso, não compre usado, pois certamente o dono anterior já terá utilizado o código!

Anote abaixo os seus pontos fortes e comece a traçar um plano de ação para utilizá-los na sua carreira profissional. Mesmo que você não faça o teste, anote seus talentos considerando aquilo que você faz bem, que é fácil para você e que as pessoas elogiam.

Meus pontos fortes

_____
_____
_____
_____
_____
_____

Meu plano de ação para usar meus talentos

_____
_____
_____
_____
_____
_____

Empreender é mais do que ter um negócio

Muitas pessoas sonham em transformar seus talentos em negócio. Porém, empreender é mais do que abrir uma empresa, pois trata-se de um estilo de vida. Uma funcionária de carreira também pode ser uma empreendedora se entender que, apesar de a empresa na qual trabalha não ser dela, a sua carreira é a sua empresa.

No entanto, é preciso considerar que ter uma única fonte de renda pode ser um grande risco, pois caso a perca, a probabilidade de se endividar é enorme. Para que você tenha mais protagonismo financeiro, pense em ter uma renda extra ainda que trabalhe fora. Se já tem seu próprio negócio, esta é uma boa hora para avaliar se está no caminho certo, pois sempre é possível melhorar!

Responda às 30 questões do Teste de Perfil Empreendedor nas páginas a seguir, pois isso poderá ampliar a sua percepção sobre si mesma. Vamos lá?

Como fazer o Teste de Perfil Empreendedor

Responda às questões de acordo com quem você é no momento e não como gostaria ou pretende ser futuramente. Assinale apenas uma das opções, escolhendo a que mais se aproxima da realidade. Não há certo ou errado, pois o objetivo é ter um retrato fiel de quem você tem sido até aqui.

Se você não tem intenção de ter um negócio próprio, responda de acordo com a sua carreira profissional. Pense bem em cada resposta e não tenha pressa!

Este teste tem referência nas características do perfil do empreendedor de sucesso citadas em: PATI, Vera. *O empreendedor: descoberta e desenvolvimento do potencial empresarial. In:* PEREIRA, Heitor José. *Criando o seu próprio negócio:* como desenvolver o potencial empreendedor. Brasília: Sebrae, 1995. O teste não tem caráter de pesquisa clínica, acadêmica ou oficial.

Teste de Perfil Empreendedor

1) Sua maior motivação em empreender um novo negócio é:
a. ( ) poder compor meu próprio salário;
b. ( ) o desejo de realizar coisas novas;
c. ( ) provar para as pessoas que não acreditam em mim que sou capaz.

2) Como você se posiciona em relação aos riscos que um novo negócio traz?
a. ( ) procuro correr riscos viáveis e possíveis de contornar;
b. ( ) vou com tudo, porque quem está na chuva é para se molhar;
c. ( ) na iminência de qualquer risco, prefiro não seguir em frente.

3) Quanto à sua forma de trabalho, você diria que:
a. ( ) prefere seguir uma fórmula de sucesso já existente;
b. ( ) precisa de liberdade para agir e definir suas metas e maneiras de atingi-las;
c. ( ) não é fã de traçar estratégias e prefere agir por tentativa e erro.

4) Quanto aos seus objetivos, você:
a. ( ) sabe aonde quer chegar;
b. ( ) tem uma ideia do que pretende, mas não sabe se é possível ou viável;
c. ( ) prefere não criar expectativas que possam ser frustradas.

5) Qual seu nível de autoconfiança?
a. ( ) nunca fui uma pessoa de destaque, sou insegura, mas estou disposta a mudar;
b. ( ) gosto de assumir responsabilidades porque confio que vou dar conta;
c. ( ) não tomo atitudes sem consultar a família, amigos ou algum mentor.

6) Em relação às suas ações, qual das respostas se encaixa melhor?
a. ( ) não dependo de ninguém e prefiro sempre agir sozinha;
b. ( ) não dependo de ninguém, mas também gosto de agir com outras pessoas;
c. ( ) não faço nada sozinha, preciso ter a participação de outras pessoas sempre.

7) Quando as dificuldades surgem, qual das atitudes melhor descreve suas reações:
a. ( ) sou sempre pega de surpresa e isso me abala, levo tempo para me recompor;
b. ( ) enfrento sem me abalar demais, mas prefiro delegar a resolução do problema;
c. ( ) vejo como oportunidades de crescer e eu mesma resolvo o mais rápido possível.

8) Seu nível de otimismo é:
a. ( ) Baixo. Prefiro contar que vai dar errado e ser surpreendida se vier a dar certo;
b. ( ) Moderado. Gosto de sonhar, mas mantenho os pés no chão;
c. ( ) Alto. Quase nunca considero que algo vai dar errado.

9) Quanto à flexibilidade, você:
a. ( ) é flexível sempre que julga necessário;
b. ( ) acha que flexibilidade dá margem para indisciplina;
c. ( ) é flexível demais a ponto de aturar coisas que não deveria.

10) Quanto às suas necessidades e frustrações, você:
a. ( ) administra bem e não se deixa dominar pelos sentimentos;
b. ( ) teme passar por necessidades ou sofrer frustrações;
c. ( ) reduz suas necessidades e não cria expectativas para evitar frustrações.

11) Diante de um desafio novo, você:
a. ( ) fica com medo, mas vai com medo mesmo;
b. ( ) costuma subestimar os desafios e, às vezes, se dá mal por excesso de confiança;
c. ( ) o temor é grande e chega a paralisá-la diante de certas situações.

12) Em relação à satisfação das suas necessidades pessoais e as do trabalho, você:
a. ( ) adia suas necessidades pessoais e prioriza as do trabalho;
b. ( ) suas necessidades vêm em primeiro lugar, pois não trabalha insatisfeita;
c. ( ) fica sempre na dúvida sobre qual necessidade suprir primeiro.

13) Diante das dificuldades, como fica a sua automotivação?
a. ( ) na mesma, as dificuldades fazem parte;
b. ( ) fico abalada e busco motivação externa para me recompor;
c. ( ) fico motivada diante das dificuldades, pois será uma oportunidade de crescer.

14) Ainda diante das dificuldades, como fica a sua autoestima?
a. ( ) sinto que falhei e minha autoestima baixa, comprometendo minha performance;
b. ( ) fica abalada, mas me esforço para não comprometer minha performance;
c. ( ) procuro mantê-la sempre em alta, independentemente das situações.

15) Quando você ou alguém próximo a você erra, geralmente suas atitudes são:
a. ( ) se erro me sinto culpada, se alguém erra fico aliviada porque não fui eu;
b. ( ) vejo erros como oportunidades para aprender, sejam meus ou dos outros;
c. ( ) aprendo com meus erros e não ligo pelos dos outros. Não vai me ajudar em nada.

16) Quando você precisa recomeçar um projeto ou passar por uma mudança, você:
a. ( ) evita a todo custo, pois não gosta de mudanças;
b. ( ) gosta de mudar quando percebe que é necessário;
c. ( ) desiste, pois mudanças são incômodas demais.

17) Nas relações interpessoais no trabalho, você:
a. ( ) prefere trabalhar sozinha por ter dificuldade de se relacionar com pessoas;
b. ( ) trabalha bem em equipes pequenas, mas fica desconfortável com muitas pessoas;
c. ( ) tem grande habilidade de se relacionar com qualquer número de pessoas.

18) Com respeito ao trio "liderança, motivação e coordenação de pessoas", você:
a. ( ) tem facilidade em desempenhar esses papéis;
b. ( ) desempenha os papéis, mas não se sente confortável;
c. ( ) não se vê desempenhando nenhum desses papéis.

19) Quando surge um problema, como você costuma resolver?
a. ( ) quase sempre da mesma forma, pois creio que se deu certo uma vez, sempre dará;
b. ( ) com criatividade, pois gosto de testar novos métodos;
c. ( ) não sou uma boa solucionadora de problemas.

20) Quanto à delegação de tarefas, você:
a. ( ) tem dificuldade, pois crê que ninguém vai resolver melhor do que você;
b. ( ) delega com facilidade, pois confia no trabalho das outras pessoas;
c. ( ) delega na hora, pois confia mais no trabalho dos outros do que no seu.

21) Em relação à sua agressividade, você costuma canalizá-la de que forma?
a. ( ) aproveito para conquistar metas, resolver problemas e enfrentar dificuldades;
b. ( ) diante da agressividade, a emoção toma conta e não consigo resolver nada;
c. ( ) não sou uma pessoa agressiva ou vejo isso como algo negativo.

22) Você confia na sua intuição para tomar atitudes?
a. ( ) não muito, prefiro contar com a de terceiros;
b. ( ) confio, mas divido com outras pessoas para ver se estou no caminho certo;
c. ( ) só confio na minha intuição e não procuro ouvir a opinião de terceiros.

23) Com respeito à qualidade do trabalho, você considera que:
a. ( ) todo trabalho deve ser feito com qualidade;
b. ( ) há clientes que preferem preço baixo, então, a qualidade fica em segundo plano;
c. ( ) a quantidade me faz ganhar mais, por isso, esse é o meu foco.

24) Quanto à contribuição social, você acredita que:
a. ( ) empresas grandes é que devem ter programas sociais;
b. ( ) sempre é possível contribuir, mas não sei como fazer isso;
c. ( ) é um dever de todos e busco fazer minha parte.

25) Qual o seu nível de prazer em relação ao seu trabalho?
a. ( ) me sinto satisfeita e tenho prazer no que faço;
b. ( ) não tenho prazer no que faço, mas não tenho coragem para mudar;
c. ( ) não tenho prazer no que faço, mas estou disposta a mudar.

26) Como você administra seu tempo?
a. ( ) trabalho muito o dia todo, mas sempre tenho a sensação de que não fiz nada;
b. ( ) perco tempo em conversas e/ou coisas desnecessárias sem me dar conta;
c. ( ) coordeno bem o meu tempo e procuro não desperdiçar minhas horas de trabalho.

27) Você deseja ser bem-sucedida para:
a. (   ) ter uma melhor posição na sociedade e ser reconhecida pelo que faz;
b. (   ) estar bem consigo mesma e poder ter o que sempre quis;
c. (   ) sentir-se útil e também ser útil à sua comunidade de alguma forma.

28) Qual conjunto de características define melhor a sua atuação profissional?
a. (   ) independência, segurança e confiança;
b. (   ) espírito de equipe, colaboração e compartilhamento;
c. (   ) independência, introspecção e autoestima mediana.

29) Quando você precisa de recursos ou informações de que não dispõe, você:
a. (   ) é criativa e capaz de buscar os recursos e as informações necessárias;
b. (   ) espera que os recursos surjam e que outras pessoas apresentem sugestões;
c. (   ) busca pessoas que possam prover os recursos e trazer as informações necessárias.

30) Como você se posiciona em relação ao poder?
a. (   ) não me atrai em nada, sou indiferente;
b. (   ) acredito que é importante que pessoas boas estejam no poder;
c. (   ) acredito que o poder corrompe quem quer que seja.

Calcule a pontuação – Confira o valor de cada resposta e some quantos pontos fez.

1)
a. 2 pontos
b. 3 pontos
c. 1 ponto

2)
a. 3 pontos
b. 2 pontos
c. 1 ponto

3)
a. 2 pontos
b. 3 pontos
c. 1 ponto

4)
a. 3 pontos
b. 2 pontos
c. 1 ponto

5)
a. 2 pontos
b. 3 pontos
c. 1 ponto

6)
a. 2 pontos
b. 3 pontos
c. 1 ponto

7)
a. 1 ponto
b. 2 pontos
c. 3 pontos

8)
a. 2 pontos
b. 3 pontos
c. 1 ponto

9)
a. 3 pontos
b. 2 pontos
c. 1 ponto

10)
a. 3 pontos
b. 1 ponto
c. 2 pontos

11)
a. 3 pontos
b. 2 pontos
c. 1 ponto

12)
a. 3 pontos
b. 2 pontos
c. 1 ponto

13)
a. 2 pontos
b. 1 ponto
c. 3 pontos

14)
a. 1 ponto
b. 2 pontos
c. 3 pontos

15)
a. 1 ponto
b. 3 pontos
c. 2 pontos

16)
a. 2 pontos
b. 3 pontos
c. 1 ponto

17)
a. 1 ponto
b. 2 pontos
c. 3 pontos

18)
a. 3 pontos
b. 2 pontos
c. 1 ponto

19)
a. 2 pontos
b. 3 pontos
c. 1 ponto

20)
a. 2 pontos
b. 3 pontos
c. 1 ponto

21)
a. 3 pontos
b. 1 ponto
c. 2 pontos

22)
a. 1 ponto
b. 3 pontos
c. 2 pontos

23)
a. 3 pontos
b. 2 pontos
c. 1 ponto

24)
a. 1 ponto
b. 2 pontos
c. 3 pontos

25)
a. 3 pontos
b. 1 ponto
c. 2 pontos

26)
a. 2 pontos
b. 1 ponto
c. 3 pontos

27)
a. 1 ponto
b. 2 pontos
c. 3 pontos

28)
a. 3 pontos
b. 2 pontos
c. 1 ponto

29)
a. 3 pontos
b. 1 ponto
c. 2 pontos

30)
a. 2 pontos
b. 3 pontos
c. 1 ponto

Resultado

De 30 a 45 pontos – Aspirante a empreendedora

Pode ser que você ainda não esteja muito segura do que quer. Defina o que espera do futuro e acredite mais em si mesma. Esqueça as más experiências do passado ou até a falta de experiência. Empreender é ótimo, mas exige segurança, autoconfiança e um toque de ousadia. Saiba que você pode desenvolver todos os aspectos necessários!

De 46 a 70 pontos – Empreendedora "cara e coragem"

Você tem características impulsivas e não tem muita paciência para planejamentos. Aquilo que não agrada, você delega para não ter de se desviar do seu alvo que é fazer, fazer, fazer. Invista em planejar um pouco mais, pois isso poderá fazê-la ganhar tempo. É positiva a confiança que você tem em si e em quem trabalha com você, continue assim, pois você vai longe!

De 71 a 90 pontos – Empreendedora rumo ao sucesso

Você já tem muitas características de uma empreendedora de sucesso, parabéns! Você é centrada, ponderada, equilibrada e busca empreender pelos motivos certos. Você considera seu conhecimento importante, mas não deixa de ouvir quem possa ajudá-la a crescer. Mantenha esse espírito e o sucesso será uma consequência! Além de ser uma pessoa bem-sucedida, você poderá inspirar outras pessoas. O céu é o limite!

Seu plano de negócio com o Canvas

Criado por Alexander Osterwalder, o Canvas é muito simples, pois concentra em uma única página tudo o que é necessário para um negócio. Siga as dicas abaixo e use o diagrama ao lado para fazer um novo plano de negócio ou melhorar o negócio que já tem.

1) Proposta de valor – o que o produto e/ou serviço proporciona aos clientes. Pergunte-se: quais são os diferenciais do meu produto e/ou serviço? Quais vantagens ofereço aos clientes? Essa é a sua proposta de valor.

2) Segmento de clientes – seu público-alvo. Pergunte-se: qual público se interessa pelo meu produto e/ou serviço e está disposto a pagar o que cobro?

3) Relacionamento com clientes – como você irá conquistar e manter seus clientes. Pergunte-se: como vou chegar até os clientes e como eles chegarão a mim?

4) Canais – como seu produto chegará ao cliente: pronta entrega, retirada em um determinado local, envio por correio, delivery?

5) Atividades principais – quais são as principais tarefas que você vai realizar para desenvolver seu produto e/ou serviço e poder cumprir a proposta de valor.

6) Recursos principais – analise quais recursos precisa para realizar as atividades principais. Pergunte-se: precisarei de pessoas, espaço físico, ferramentas, maquinários?

7) Parcerias principais – fornecedores e parceiros necessários para tornar possível o cumprimento da proposta de valor, a realização das tarefas e os recursos principais.

8) Estrutura de custos – liste todos os custos, ainda que sejam valores aproximados.

9) Fontes de receita – como o dinheiro entrará? Ex.: vendas em loja física e/ou on-line, parcerias com empresas etc. E por quais meios: pix, cartões etc.

Leia o QR Code para assistir a um vídeo no qual explico o Canvas passo a passo.

Principais Parcerias	Atividades Principais	Proposta de Valor	Relacionamento com Clientes	Segmento de Clientes
	Recursos Principais		Canais	
Estrutura de Custos			Fontes de Receita	

canvas

A importância da leitura e da escrita à mão

É importante sermos conectadas e usarmos ferramentas tecnológicas como computador, kindle, tablet e smatphone. Por outro lado, não devemos ignorar os benefícios que a leitura de livros físicos e a escrita à mão trazem. Veja alguns deles!

Por que ler livros físicos em vez de e-books?

E-books têm diversas vantagens, como preço mais baixo, não ocupam espaço físico e são de fácil acesso. No entanto, o livro físico traz benefícios além da leitura em si, por exemplo, maior concentração. O movimento de passar as páginas aumenta o nível de atenção, promovendo melhor entendimento.

Além disso, os e-books não têm características marcantes de livros físicos, como capas elaboradas (que às vezes são obras de arte e design) e papel em gramatura confortável. Cada livro físico é único, enquanto os e-books têm a mesma aparência.

Ademais, a experiência sensorial do livro físico é bem completa: sentimos o "cheiro do livro", tocamos no papel, ouvimos o passar das páginas e exercitamos nossos olhos de forma mais confortável do que em telas.

Aliás, a leitura em papel também pode ser vista como um "detox" das telas, afinal, passamos boa parte do dia diante delas e é preciso descansar a mente de dispositivos que emitem luz o tempo todo. Ler um livro físico antes de dormir pode ajudar o cérebro a se preparar para o sono.

O que a ciência diz sobre a escrita à mão?

A escrita à mão é importante para o cérebro, pois ativa diversas áreas que facilitam o aprendizado. Virginia Berninger, professora de Psicóloga Educacional da Universidade de Washington, afirma que quem pensa que a caligrafia é apenas uma habilidade motora desnecessária está profundamente enganado.

"O mais importante [na escrita à mão] é o uso da região do cérebro onde o visual e a linguagem se unem por meio dos movimentos que fazemos com as mãos", afirma.

Ou seja, quando escrevemos à mão, formando as palavras letra a letra, unimos um exercício motor a um exercício mental e isso nos ajuda a prestar mais atenção.

Um estudo publicado na revista científica *Psychological Science* avaliou alunos de uma universidade americana dividindo-os em dois grupos: os que anotavam à mão e os que anotavam digitando. O estudo mostrou que os alunos que anotaram à mão tiveram melhor aprendizado do que aqueles que digitaram suas anotações.

Aqui vão mais alguns benefícios da escrita à mão:

1 – Melhora da escrita

Sem os corretores automáticos e atalhos do computador (programação que sugere o término da palavra sem que tenhamos que digitá-la inteiramente), escrever à mão exige um esforço maior. Essa "ginástica cerebral" ajuda a manter a atenção e a buscar na memória como as palavras são compostas, seus acentos e a pontuação necessária para passar corretamente a ideia.

2 – Ajuda na organização das ideias

Quando apenas pensamos, nosso cérebro pode divagar e entrar em um processo repetitivo e desordenado, mas quando passamos as ideias para o papel temos que colocar os pensamentos em ordem e chegar a conclusões mais eficientes.

3 – Estimula a criatividade

Ao exigir o trabalho de várias áreas do cérebro, escrever à mão também estimula a criatividade e uma certa vertente artística, afinal, a caligrafia de cada pessoa é única, como nossas impressões digitais.

PATY INDICA

Sugestões de leitura para os próximos 12 meses

Vou confessar algo: boa parte dos livros que li não foram tão legais assim! Não gostei de vários dos obrigatórios da escola por diferirem dos meus valores e por não fazerem o menor sentido para a idade dos alunos na época. Não abandonei a leitura, mas decidi absorver o que é bom e rejeitar o resto. Sou bastante seletiva com o que deixo entrar na minha mente!

As sugestões abaixo foram escolhidas a dedo e podem agregar conhecimento, aprendizado e valores à sua vida. Aproveite!

1. O homem mais rico da Babilônia – George S. Clason
2. 12 regras para a vida – Jordan B. Peterson
3. A tríade do tempo – Christian Barbosa
4. Como avaliar sua vida – Clayton M. Christensen
5. O ego é seu inimigo – Ryan Holiday
6. Arrume a sua cama – William H. McRaven
7. Cartas de um diabo para seu aprendiz – C.S. Lewis
8. A mulher V – Cristiane Cardoso
9. Lugar de mulher é onde ela quiser – Patricia Lages
10. A psicologia financeira – Morgan Housel
11. Mentes consumistas – Ana Beatriz Barbosa Silva
12. Os segredos da mente milionária – T. Harv Eker

Acredito que nenhum livro substitui a obra mais importante que existe: a Bíblia Sagrada! Recomendo o uso do plano de leitura para ajudá-la nisso. Faça uma oração antes de ler e peça que o próprio Autor fale com você!

Todos os domingos, apresento o Clube da Leitura, ao vivo, a partir das 16h, no meu canal do YouTube. Faça parte do nosso clube, é gratuito e sempre será!

Plano de Leitura da Bíblia

JANEIRO

1 Gn 1.1—2.25; Mt 1.1—2.12; Sl 1.1-6; Pv 1.1-6
2 Gn 3.1—4.26; Mt 2.13—3.6; Sl 2.1-12; Pv 1.7-9
3 Gn 5.1—7.24; Mt 3.7—4.11; Sl 3.1-8; Pv 1.10-19
4 Gn 8.1—10.32; Mt 4.12-25; Sl 4.1-8; Pv 1.20-23
5 Gn 11.1—13.4; Mt 5.1-26; Sl 5.1-12; Pv 1.24-28
6 Gn 13.5—15.21; Mt 5.27-48; Sl 6.1-10; Pv 1.29-33
7 Gn 16.1—18.15; Mt 6.1-24; Sl 7.1-17; Pv 2.1-5
8 Gn 18.16—19.38; Mt 6.25—7.14; Sl 8.1-9; Pv 2.6-15
9 Gn 20.1—22.24; Mt 7.15-29; Sl 9.1-12; Pv 2.16-22
10 Gn 23.1—24.51; Mt 8.1-17; Sl 9.13-20; Pv 3.1-6
11 Gn 24.52—26.16; Mt 8.18-34; Sl 10.1-15; Pv 3.7-8
12 Gn 26.17—27.46; Mt 9.1-17; Sl 10.16-18; Pv 3.9-10
13 Gn 28.1—29.35; Mt 9.18-38; Sl 11.1-7; Pv 3.11-12
14 Gn 30.1—31.16; Mt 10.1-23; Sl 12.1-8; Pv 3.13-15
15 Gn 31.17—32.12; Mt 10.24—11.6; Sl 13.1-6; Pv 3.16-18
16 Gn 32.13—34.31; Mt 11.7-30; Sl 14.1-7; Pv 3.19-20
17 Gn 35.1—36.43; Mt 12.1-21; Sl 15.1-5; Pv 3.21-26
18 Gn 37.1—38.30; Mt 12.22-45; Sl 16.1-11; Pv 3.27-32
19 Gn 39.1—41.16; Mt 12.46—13.23; Sl 17.1-15; Pv 3.33-35
20 Gn 41.17—42.17; Mt 13.24-46; Sl 18.1-15; Pv 4.1-6
21 Gn 42.18—43.34; Mt 13.47—14.12; Sl 18.16-36; Pv 4.7-10
22 Gn 44.1—45.28; Mt 14.13-36; Sl 18.37-50; Pv 4.11-13
23 Gn 46.1—47.31; Mt 15.1-28; Sl 19.1-14; Pv 4.14-19
24 Gn 48.1—49.33; Mt 15.29—16.12; Sl 20.1-9; Pv 4.20-27
25 Gn 50.1 — Êx 2.10; Mt 16.13—17.9; Sl 21.1-13; Pv 5.1-6
26 Êx 2.11—3.22; Mt 17.10-27; Sl 22.1-18; Pv 5.7-14
27 Êx 4.1—5.21; Mt 18.1-20; Sl 22.19-31; Pv 5.15-21
28 Êx 5.22—7.25; Mt 18.21—19.12; Sl 23.1-6; Pv 5.22-23
29 Êx 8.1—9.35; Mt 19.13-30; Sl 24.1-10; Pv 6.1-5
30 Êx 10.1—12.13; Mt 20.1-28; Sl 25.1-15; Pv 6.6-11
31 Êx 12.14—13.16; Mt 20.29—21.22; Sl 25.16-22; Pv 6.12-15

FEVEREIRO

1 Êx 13.17—15.18; Mt 21.23-46; Sl 26.1-12; Pv 6.16-19
2 Êx 15.19—17.7; Mt 22.1-33; Sl 27.1-6; Pv 6.20-26
3 Êx 17.8—19.15; Mt 22.34—23.12; Sl 27.7-14; Pv 6.27-35
4 Êx 19.16—21.21; Mt 23.13-39; Sl 28.1-9; Pv 7.1-5
5 Êx 21.22—23.13; Mt 24.1-28; Sl 29.1-11; Pv 7.6-23
6 Êx 23.14—25.40; Mt 24.29-51; Sl 30.1-12; Pv 7.24-27
7 Êx 26.1—27.21; Mt 25.1-30; Sl 31.1-8; Pv 8.1-11
8 Êx 28.1-43; Mt 25.31—26.13; Sl 31.9-18; Pv 8.12-13
9 Êx 29.1—30.10; Mt 26.14-46; Sl 31.19-24; Pv 8.14-26
10 Êx 30.11—31.18; Mt 26.47-68; Sl 32.1-11; Pv 8.27-32
11 Êx 32.1—33.23; Mt 26.69—27.14; Sl 33.1-11; Pv 8.33-36
12 Êx 34.1—35.9; Mt 27.15-31; Sl 33.12-22; Pv 9.1-6
13 Êx 35.10—36.38; Mt 27.32-66; Sl 34.1-10; Pv 9.7-8
14 Êx 37.1—38.31; Mt 28.1-20; Sl 34.11-22; Pv 9.9-10
15 Êx 39.1—40.38; Mc 1.1-28; Sl 35.1-16; Pv 9.11-12
16 Lv 1.1—3.17; Mc 1.29—2.12; Sl 35.17-28; Pv 9.13-18
17 Lv 4.1—5.19; Mc 2.13—3.6; Sl 36.1-12; Pv 10.1-2
18 Lv 6.1—7.27; Mc 3.7-30; Sl 37.1-11; Pv 10.3-4
19 Lv 7.28—9.6; Mc 3.31—4.25; Sl 37.12-29; Pv 10.5
20 Lv 9.7—10.20; Mc 4.26—5.20; Sl 37.30-40; Pv 10.6-7
21 Lv 11.1—12.8; Mc 5.21-43; Sl 38.1-22; Pv 10.8-9
22 Lv 13.1-59; Mc 6.1-29; Sl 39.1-13; Pv 10.10
23 Lv 14.1-57; Mc 6.30-56; Sl 40.1-10; Pv 10.11-12
24 Lv 15.1—16.28; Mc 7.1-23; Sl 40.11-17; Pv 10.13-14
25 Lv 16.29—18.30; Mc 7.24—8.10; Sl 41.1-13; Pv 10.15-16
26 Lv 19.1—20.21; Mc 8.11-38; Sl 42.1-11; Pv 10.17
27 Lv 20.22—22.16; Mc 9.1-29; Sl 43.1-5; Pv 10.18
28 Lv 22.17—23.44; Mc 9.30—10.12; Sl 44.1-8; Pv 10.19

MARÇO

1 Lv 24.1—25.46; Mc 10.13-31; Sl 44.9-26; Pv 10.20-21
2 Lv 25.47—27.13; Mc 10.32-52; Sl 45.1-17; Pv 10.22
3 Lv 27.14 — Nm 1.54; Mc 11.1-26; Sl 46.1-11; Pv 10.23
4 Nm 2.1—3.51; Mc 11.27—12.17; Sl 47.1-9; Pv 10.24-25
5 Nm 4.1—5.31; Mc 12.18-37; Sl 48.1-14; Pv 10.26
6 Nm 6.1—7.89; Mc 12.38—13.13; Sl 49.1-20; Pv 10.27-28
7 Nm 8.1—9.23; Mc 13.14-37; Sl 50.1-23; Pv 10.29-30
8 Nm 10.1—11.23; Mc 14.1-21; Sl 51.1-19; Pv 10.31-32
9 Nm 11.24—13.33; Mc 14.22-52; Sl 52.1-9; Pv 11.1-3
10 Nm 14.1—15.16; Mc 14.53-72; Sl 53.1-6; Pv 11.4
11 Nm 15.17—16.40; Mc 15.1-47; Sl 54.1-7; Pv 11.5-6
12 Nm 16.41—18.32; Mc 16.1-20; Sl 55.1-23; Pv 11.7
13 Nm 19.1—20.29; Lc 1.1-25; Sl 56.1-13; Pv 11.8
14 Nm 21.1—22.20; Lc 1.26-56; Sl 57.1-11; Pv 11.9-11
15 Nm 22.21—23.30; Lc 1.57-80; Sl 58.1-11; Pv 11.12-13
16 Nm 24.1—25.18; Lc 2.1-35; Sl 59.1-17; Pv 11.14
17 Nm 26.1-51; Lc 2.36-52; Sl 60.1-12; Pv 11.15
18 Nm 26.52—28.15; Lc 3.1-22; Sl 61.1-8; Pv 11.16-17
19 Nm 28.16—29.40; Lc 3.23-38; Sl 62.1-12; Pv 11.18-19
20 Nm 30.1—31.54; Lc 4.1-30; Sl 63.1-11; Pv 11.20-21
21 Nm 32.1—33.39; Lc 4.31—5.11; Sl 64.1-10; Pv 11.22
22 Nm 33.40—35.34; Lc 5.12-28; Sl 65.1-13; Pv 11.23
23 Nm 36.1 — Dt 1.46; Lc 5.29—6.11; Sl 66.1-20; Pv 11.24-26
24 Dt 2.1—3.29; Lc 6.12-38; Sl 67.1-7; Pv 11.27
25 Dt 4.1-49; Lc 6.39—7.10; Sl 68.1-18; Pv 11.28
26 Dt 5.1—6.25; Lc 7.11-35; Sl 68.19-35; Pv 11.29-31
27 Dt 7.1—8.20; Lc 7.36—8.3; Sl 69.1-18; Pv 12.1
28 Dt 9.1—10.22; Lc 8.4-21; Sl 69.19-36; Pv 12.2-3
29 Dt 11.1—12.32; Lc 8.22-39; Sl 70.1-5; Pv 12.4
30 Dt 13.1—15.23; Lc 8.40—9.6; Sl 71.1-24; Pv 12.5-7
31 Dt 16.1—17.20; Lc 9.7-27; Sl 72.1-20; Pv 12.8-9

ABRIL

1 Dt 18.1—20.20; Lc 9.28-50; Sl 73.1-28; Pv 12.10
2 Dt 21.1—22.30; Lc 9.51—10.12; Sl 74.1-23; Pv 12.11
3 Dt 23.1—25.19; Lc 10.13-37; Sl 75.1-10; Pv 12.12-14
4 Dt 26.1—27.26; Lc 10.38—11.13; Sl 76.1-12; Pv 12.15-17
5 Dt 28.1-68; Lc 11.14-36; Sl 77.1-20; Pv 12.18
6 Dt 29.1—30.20; Lc 11.37—12.7; Sl 78.1-31; Pv 12.19-20
7 Dt 31.1—32.27; Lc 12.8-34; Sl 78.32-55; Pv 12.21-23
8 Dt 32.28-52; Lc 12.35-59; Sl 78.56-64; Pv 12.24
9 Dt 33.1-29; Lc 13.1-21; Sl 78.65-72; Pv 12.25
10 Dt 34.1 — Js 2.24; Lc 13.22—14.6; Sl 79.1-13; Pv 12.26
11 Js 3.1—4.24; Lc 14.7-35; Sl 80.1-19; Pv 12.27-28
12 Js 5.1—7.15; Lc 15.1-32; Sl 81.1-16; Pv 13.1
13 Js 7.16—9.2; Lc 16.1-18; Sl 82.1-8; Pv 13.2-3
14 Js 9.3—10.43; Lc 16.19—17.10; Sl 83.1-18; Pv 13.4
15 Js 11.1—12.24; Lc 17.11-37; Sl 84.1-12; Pv 13.5-6
16 Js 13.1—14.15; Lc 18.1-17; Sl 85.1-13; Pv 13.7-8
17 Js 15.1-63; Lc 18.18-43; Sl 86.1-17; Pv 13.9-10
18 Js 16.1—18.28; Lc 19.1-27; Sl 87.1-7; Pv 13.11
19 Js 19.1—20.9; Lc 19.28-48; Sl 88.1-18; Pv 13.12-14
20 Js 21.1—22.20; Lc 20.1-26; Sl 89.1-13; Pv 13.15-16
21 Js 22.21—23.16; Lc 20.27-47; Sl 89.14-37; Pv 13.17-19
22 Js 24.1-33; Lc 21.1-28; Sl 89.38-52; Pv 13.20-23
23 Jz 1.1—2.9; Lc 21.29—22.13; Sl 90.1—91.16; Pv 13.24-25
24 Jz 2.10—3.31; Lc 22.14-34; Sl 92.1—93.5; Pv 14.1-2
25 Jz 4.1—5.31; Lc 22.35-53; Sl 94.1-23; Pv 14.3-4
26 Jz 6.1-40; Lc 22.54—23.12; Sl 95.1—96.13; Pv 14.5-6
27 Jz 7.1—8.17; Lc 23.13-43; Sl 97.1—98.9; Pv 14.7-8
28 Jz 8.18—9.21; Lc 23.44—24.12; Sl 99.1-9; Pv 14.9-10
29 Jz 9.22—10.18; Lc 24.13-53; Sl 100.1-5; Pv 14.11-12
30 Jz 11.1—12.15; Jo 1.1-28; Sl 101.1-8; Pv 14.13-14

MAIO

1 Jz 13.1—14.20; Jo 1.29-51; Sl 102.1-28; Pv 14.15-16
2 Jz 15.1—16.31; Jo 2.1-25; Sl 103.1-22; Pv 14.17-19
3 Jz 17.1—18.31; Jo 3.1-21; Sl 104.1-23; Pv 14.20-21
4 Jz 19.1—20.48; Jo 3.22—4.3; Sl 104.24-35; Pv 14.22-24
5 Jz 21.1 — Rt 1.22; Jo 4.4-42; Sl 105.1-15; Pv 14.25
6 Rt 2.1—4.22; Jo 4.43-54; Sl 105.16-36; Pv 14.26-27
7 1Sm 1.1—2.21; Jo 5.1-23; Sl 105.37-45; Pv 14.28-29
8 1Sm 2.22—4.22; Jo 5.24-47; Sl 106.1-12; Pv 14.30-31
9 1Sm 5.1—7.17; Jo 6.1-21; Sl 106.13-31; Pv 14.32-33
10 1Sm 8.1—9.27; Jo 6.22-42; Sl 106.32-48; Pv 14.34-35
11 1Sm 10.1—11.15; Jo 6.43-71; Sl 107.1-43; Pv 15.1-3
12 1Sm 12.1—13.23; Jo 7.1-30; Sl 108.1-13; Pv 15.4
13 1Sm 14.1-52; Jo 7.31-53; Sl 109.1-31; Pv 15.5-7
14 1Sm 15.1—16.23; Jo 8.1-20; Sl 110.1-7; Pv 15.8-10
15 1Sm 17.1—18.4; Jo 8.21-30; Sl 111.1-10; Pv 15.11
16 1Sm 18.5—19.24; Jo 8.31-59; Sl 112.1-10; Pv 15.12-14
17 1Sm 20.1—21.15; Jo 9.1-41; Sl 113.1—114.8; Pv 15.15-17
18 1Sm 22.1—23.29; Jo 10.1-21; Sl 115.1-18; Pv 15.18-19
19 1Sm 24.1—25.44; Jo 10.22-42; Sl 116.1-19; Pv 15.20-21
20 1Sm 26.1—28.25; Jo 11.1-54; Sl 117.1-2; Pv 15.22-23
21 1Sm 29.1—31.13; Jo 11.55—12.19; Sl 118.1-18; Pv 15.24-26
22 2Sm 1.1—2.11; Jo 12.20-50; Sl 118.19-29; Pv 15.27-28
23 2Sm 2.12—3.39; Jo 13.1-30; Sl 119.1-16; Pv 15.29-30
24 2Sm 4.1—6.23; Jo 13.31—14.14; Sl 119.17-32; Pv 15.31-32
25 2Sm 7.1—8.18; Jo 14.15-31; Sl 119.33-48; Pv 15.33
26 2Sm 9.1—11.27; Jo 15.1-27; Sl 119.49-64; Pv 16.1-3
27 2Sm 12.1-31; Jo 16.1-33; Sl 119.65-80; Pv 16.4-5
28 2Sm 13.1-39; Jo 17.1-26; Sl 119.81-96; Pv 16.6-7
29 2Sm 14.1—15.22; Jo 18.1-24; Sl 119.97-112; Pv 16.8-9
30 2Sm 15.23—16.23; Jo 18.25—19.22; Sl 119.113-128; Pv 16.10-11
31 2Sm 17.1-29; Jo 19.23-42; Sl 119.129-152; Pv 16.12-13

JUNHO

1 2Sm 18.1—19.10; Jo 20.1-31; Sl 119.153-176; Pv 16.14-15
2 2Sm 19.11—20.13; Jo 21.1-25; Sl 120.1-7; Pv 16.16-17
3 2Sm 20.14—21.22; At 1.1-26; Sl 121.1-8; Pv 16.18
4 2Sm 22.1—23.23; At 2.1-47; Sl 122.1-9; Pv 16.19-20
5 2Sm 23.24—24.25; At 3.1-26; Sl 123.1-4; Pv 16.21-23
6 1Rs 1.1-53; At 4.1-37; Sl 124.1-8; Pv 16.24
7 1Rs 2.1—3.2; At 5.1-42; Sl 125.1-5; Pv 16.25
8 1Rs 3.3—4.34; At 6.1-15; Sl 126.1-6; Pv 16.26-27
9 1Rs 5.1—6.38; At 7.1-29; Sl 127.1-5; Pv 16.28-30
10 1Rs 7.1-51; At 7.30-50; Sl 128.1-6; Pv 16.31-33
11 1Rs 8.1-66; At 7.51—8.13; Sl 129.1-8; Pv 17.1
12 1Rs 9.1—10.29; At 8.14-40; Sl 130.1-8; Pv 17.2-3
13 1Rs 11.1—12.19; At 9.1-25; Sl 131.1-3; Pv 17.4-5
14 1Rs 12.20—13.34; At 9.26-43; Sl 132.1-18; Pv 17.6
15 1Rs 14.1—15.24; At 10.1-23; Sl 133.1-3; Pv 17.7-8
16 1Rs 15.25—17.24; At 10.24-48; Sl 134.1-3; Pv 17.9-11
17 1Rs 18.1-46; At 11.1-30; Sl 135.1-21; Pv 17.12-13
18 1Rs 19.1-21; At 12.1-23; Sl 136.1-26; Pv 17.14-15
19 1Rs 20.1—21.29; At 12.24—13.15; Sl 137.1-9; Pv 17.16
20 1Rs 22.1-53; At 13.16-41; Sl 138.1-8; Pv 17.17-18
21 2Rs 1.1—2.25; At 13.42—14.7; Sl 139.1-24; Pv 17.19-21
22 2Rs 3.1—4.17; At 14.8-28; Sl 140.1-13; Pv 17.22
23 2Rs 4.18—5.27; At 15.1-35; Sl 141.1-10; Pv 17.23
24 2Rs 6.1—7.20; At 15.36—16.15; Sl 142.1-7; Pv 17.24-25
25 2Rs 8.1—9.13; At 16.16-40; Sl 143.1-12; Pv 17.26
26 2Rs 9.14—10.31; At 17.1-34; Sl 144.1-15; Pv 17.27-28
27 2Rs 10.32—12.21; At 18.1-22; Sl 145.1-21; Pv 18.1
28 2Rs 13.1—14.29; At 18.23—19.12; Sl 146.1-10; Pv 18.2-3
29 2Rs 15.1—16.20; At 19.13-41; Sl 147.1-20; Pv 18.4-5
30 2Rs 17.1—18.12; At 20.1-38; Sl 148.1-14; Pv 18.6-7

JULHO

1 2Rs 18.13—19.37; At 21.1-17; Sl 149.1-9; Pv 18.8
2 2Rs 20.1—22.2; At 21.18-36; Sl 150.1-6; Pv 18.9-10
3 2Rs 22.3—23.30; At 21.37—22.16; Sl 1.1-6; Pv 18.11-12
4 2Rs 23.31—25.30; At 22.17—23.10; Sl 2.1-12; Pv 18.13
5 1Cr 1.1—2.17; At 23.11-35; Sl 3.1-8; Pv 18.14-15
6 1Cr 2.18—4.4; At 24.1-27; Sl 4.1-8; Pv 18.16-18
7 1Cr 4.5—5.17; At 25.1-27; Sl 5.1-12; Pv 18.19
8 1Cr 5.18—6.81; At 26.1-32; Sl 6.1-10; Pv 18.20-21
9 1Cr 7.1—8.40; At 27.1-20; Sl 7.1-17; Pv 18.22
10 1Cr 9.1—10.14; At 27.21-44; Sl 8.1-9; Pv 18.23-24
11 1Cr 11.1—12.18; At 28.1-31; Sl 9.1-12; Pv 19.1-3
12 1Cr 12.19—14.17; Rm 1.1-17; Sl 9.13-20; Pv 19.4-5
13 1Cr 15.1—16.36; Rm 1.18-32; Sl 10.1-15; Pv 19.6-7
14 1Cr 16.37—18.17; Rm 2.1-24; Sl 10.16-18; Pv 19.8-9
15 1Cr 19.1—21.30; Rm 2.25—3.8; Sl 11.1-7; Pv 19.10-12
16 1Cr 22.1—23.32; Rm 3.9-31; Sl 12.1-8; Pv 19.13-14
17 1Cr 24.1—26.11; Rm 4.1-12; Sl 13.1-6; Pv 19.15-16
18 1Cr 26.12—27.34; Rm 4.13—5.5; Sl 14.1-7; Pv 19.17
19 1Cr 28.1—29.30; Rm 5.6-21; Sl 15.1-5; Pv 19.18-19
20 2Cr 1.1—3.17; Rm 6.1-23; Sl 16.1-11; Pv 19.20-21
21 2Cr 4.1—6.11; Rm 7.1-13; Sl 17.1-15; Pv 19.22-23
22 2Cr 6.12—8.10; Rm 7.14—8.8; Sl 18.1-15; Pv 19.24-25
23 2Cr 8.11—10.19; Rm 8.9-25; Sl 18.16-36; Pv 19.26
24 2Cr 11.1—13.22; Rm 8.26-39; Sl 18.37-50; Pv 19.27-29
25 2Cr 14.1—16.14; Rm 9.1-24; Sl 19.1-14; Pv 20.1
26 2Cr 17.1—18.34; Rm 9.25—10.13; Sl 20.1-9; Pv 20.2-3
27 2Cr 19.1—20.37; Rm 10.14—11.12; Sl 21.1-13; Pv 20.4-6
28 2Cr 21.1—23.21; Rm 11.13-36; Sl 22.1-18; Pv 20.7
29 2Cr 24.1—25.28; Rm 12.1-21; Sl 22.19-31; Pv 20.8-10
30 2Cr 26.1—28.27; Rm 13.1-14; Sl 23.1-6; Pv 20.11
31 2Cr 29.1-36; Rm 14.1-23; Sl 24.1-10; Pv 20.12

AGOSTO

1 2Cr 30.1—31.21; Rm 15.1-22; Sl 25.1-15; Pv 20.13-15
2 2Cr 32.1—33.13; Rm 15.23—16.9; Sl 25.16-22; Pv 20.16-18
3 2Cr 33.14—34.33; Rm 16.10-27; Sl 26.1-12; Pv 20.19
4 2Cr 35.1—36.23; 1Co 1.1-17; Sl 27.1-6; Pv 20.20-21
5 Ed 1.1—2.70; 1Co 1.18—2.5; Sl 27.7-14; Pv 20.22-23
6 Ed 3.1—4.23; 1Co 2.6—3.4; Sl 28.1-9; Pv 20.24-25
7 Ed 4.24—6.22; 1Co 3.5-23; Sl 29.1-11; Pv 20.26-27
8 Ed 7.1—8.20; 1Co 4.1-21; Sl 30.1-12; Pv 20.28-30
9 Ed 8.21—9.15; 1Co 5.1-13; Sl 31.1-8; Pv 21.1-2
10 Ed 10.1-44; 1Co 6.1-20; Sl 31.9-18; Pv 21.3
11 Ne 1.1—3.14; 1Co 7.1-24; Sl 31.19-24; Pv 21.4
12 Ne 3.15—5.13; 1Co 7.25-40; Sl 32.1-11; Pv 21.5-7
13 Ne 5.14—7.73a; 1Co 8.1-13; Sl 33.1-11; Pv 21.8-10
14 Ne 7.73b—9.21; 1Co 9.1-18; Sl 33.12-22; Pv 21.11-12
15 Ne 9.22—10.39; 1Co 9.19—10.13; Sl 34.1-10; Pv 21.13
16 Ne 11.1—12.26; 1Co 10.14-33; Sl 34.11-22; Pv 21.14-16
17 Ne 12.27—13.31; 1Co 11.1-16; Sl 35.1-16; Pv 21.17-18
18 Et 1.1—3.15; 1Co 11.17-34; Sl 35.17-28; Pv 21.19-20
19 Et 4.1—7.10; 1Co 12.1-26; Sl 36.1-12; Pv 21.21-22
20 Et 8.1—10.3; 1Co 12.27—13.13; Sl 37.1-11; Pv 21.23-24
21 Jó 1.1—3.26; 1Co 14.1-17; Sl 37.12-29; Pv 21.25-26
22 Jó 4.1—7.21; 1Co 14.18-40; Sl 37.30-40; Pv 21.27
23 Jó 8.1—11.20; 1Co 15.1-28; Sl 38.1-22; Pv 21.28-29
24 Jó 12.1—15.35; 1Co 15.29-58; Sl 39.1-13; Pv 21.30-31
25 Jó 16.1—19.29; 1Co 16.1-24; Sl 40.1-10; Pv 22.1
26 Jó 20.1—22.30; 2Co 1.1-11; Sl 40.11-17; Pv 22.2-4
27 Jó 23.1—27.23; 2Co 1.12—2.11; Sl 41.1-13; Pv 22.5-6
28 Jó 28.1—30.31; 2Co 2.12-17; Sl 42.1-11; Pv 22.7
29 Jó 31.1—33.33; 2Co 3.1-18; Sl 43.1-5; Pv 22.8-9
30 Jó 34.1—36.33; 2Co 4.1-12; Sl 44.1-8; Pv 22.10-12
31 Jó 37.1—39.30; 2Co 4.13—5.10; Sl 44.9-26; Pv 22.13

SETEMBRO

1 Jó 40.1—42.17; 2Co 5.11-21; Sl 45.1-17; Pv 22.14
2 Ec 1.1—3.22; 2Co 6.1-13; Sl 46.1-11; Pv 22.15
3 Ec 4.1—6.12; 2Co 6.14—7.7; Sl 47.1-9; Pv 22.16
4 Ec 7.1—9.18; 2Co 7.8-16; Sl 48.1-14; Pv 22.17-19
5 Ec 10.1—12.14; 2Co 8.1-15; Sl 49.1-20; Pv 22.20-21
6 Ct 1.1—4.16; 2Co 8.16-24; Sl 50.1-23; Pv 22.22-23
7 Ct 5.1—8.14; 2Co 9.1-15; Sl 51.1-19; Pv 22.24-25
8 Is 1.1—2.22; 2Co 10.1-18; Sl 52.1-9; Pv 22.26-27
9 Is 3.1—5.30; 2Co 11.1-15; Sl 53.1-6; Pv 22.28-29
10 Is 6.1—7.25; 2Co 11.16-33; Sl 54.1-7; Pv 23.1-3
11 Is 8.1—9.21; 2Co 12.1-10; Sl 55.1-23; Pv 23.4-5
12 Is 10.1—11.16; 2Co 12.11-21; Sl 56.1-13; Pv 23.6-8
13 Is 12.1—14.32; 2Co 13.1-13; Sl 57.1-11; Pv 23.9-11
14 Is 15.1—18.7; Gl 1.1-24; Sl 58.1-11; Pv 23.12
15 Is 19.1—21.17; Gl 2.1-16; Sl 59.1-17; Pv 23.13-14
16 Is 22.1—24.23; Gl 2.17—3.9; Sl 60.1-12; Pv 23.15-16
17 Is 25.1—28.13; Gl 3.10-22; Sl 61.1-8; Pv 23.17-18
18 Is 28.14—30.11; Gl 3.23—4.31; Sl 62.1-12; Pv 23.19-21
19 Is 30.12—33.9; Gl 5.1-12; Sl 63.1-11; Pv 23.22
20 Is 33.10—36.22; Gl 5.13-26; Sl 64.1-10; Pv 23.23
21 Is 37.1—38.22; Gl 6.1-18; Sl 65.1-13; Pv 23.24
22 Is 39.1—41.16; Ef 1.1-23; Sl 66.1-20; Pv 23.25-28
23 Is 41.17—43.13; Ef 2.1-22; Sl 67.1-7; Pv 23.29-35
24 Is 43.14—45.10; Ef 3.1-21; Sl 68.1-18; Pv 24.1-2
25 Is 45.11—48.11; Ef 4.1-16; Sl 68.19-35; Pv 24.3-4
26 Is 48.12—50.11; Ef 4.17-32; Sl 69.1-18; Pv 24.5-6
27 Is 51.1—53.12; Ef 5.1-33; Sl 69.19-36; Pv 24.7
28 Is 54.1—57.14; Ef 6.1-24; Sl 70.1-5; Pv 24.8
29 Is 57.15—59.21; Fp 1.1-26; Sl 71.1-24; Pv 24.9-10
30 Is 60.1—62.5; Fp 1.27—2.18; Sl 72.1-20; Pv 24.11-12

OUTUBRO

1 Is 62.6—65.25; Fp 2.19—3.3; Sl 73.1-28; Pv 24.13-14
2 Is 66.1-24; Fp 3.4-21; Sl 74.1-23; Pv 24.15-16
3 Jr 1.1—2.30; Fp 4.1-23; Sl 75.1-10; Pv 24.17-20
4 Jr 2.31—4.18; Cl 1.1-17; Sl 76.1-12; Pv 24.21-22
5 Jr 4.19—6.15; Cl 1.18—2.7; Sl 77.1-20; Pv 24.23-25
6 Jr 6.16—8.7; Cl 2.8-23; Sl 78.1-31; Pv 24.26
7 Jr 8.8—9.26; Cl 3.1-17; Sl 78.32-55; Pv 24.27
8 Jr 10.1—11.23; Cl 3.18—4.18; Sl 78.56-72; Pv 24.28-29
9 Jr 12.1—14.10; 1Ts 1.1—2.8; Sl 79.1-13; Pv 24.30-34
10 Jr 14.11—16.15; 1Ts 2.9—3.13; Sl 80.1-19; Pv 25.1-5
11 Jr 16.16—18.23; 1Ts 4.1—5.3; Sl 81.1-16; Pv 25.6-8
12 Jr 19.1—21.14; 1Ts 5.4-28; Sl 82.1-8; Pv 25.9-10
13 Jr 22.1—23.20; 2Ts 1.1-12; Sl 83.1-18; Pv 25.11-14
14 Jr 23.21—25.38; 2Ts 2.1-17; Sl 84.1-12; Pv 25.15
15 Jr 26.1—27.22; 2Ts 3.1-18; Sl 85.1-13; Pv 25.16
16 Jr 28.1—29.32; 1Tm 1.1-20; Sl 86.1-17; Pv 25.17
17 Jr 30.1—31.26; 1Tm 2.1-15; Sl 87.1-7; Pv 25.18-19
18 Jr 31.27—32.44; 1Tm 3.1-16; Sl 88.1-18; Pv 25.20-22
19 Jr 33.1—34.22; 1Tm 4.1-16; Sl 89.1-13; Pv 25.23-24
20 Jr 35.1—36.32; 1Tm 5.1-25; Sl 89.14-37; Pv 25.25-27
21 Jr 37.1—38.28; 1Tm 6.1-21; Sl 89.38-52; Pv 25.28
22 Jr 39.1—41.18; 2Tm 1.1-18; Sl 90.1—91.16; Pv 26.1-2
23 Jr 42.1—44.23; 2Tm 2.1-21; Sl 92.1—93.5; Pv 26.3-5
24 Jr 44.24—47.7; 2Tm 2.22—3.17; Sl 94.1-23; Pv 26.6-8
25 Jr 48.1—49.22; 2Tm 4.1-22; Sl 95.1—96.13; Pv 26.9-12
26 Jr 49.23—50.46; Tt 1.1-16; Sl 97.1—98.9; Pv 26.13-16
27 Jr 51.1-53; Tt 2.1-15; Sl 99.1-9; Pv 26.17
28 Jr 51.54—52.34; Tt 3.1-15; Sl 100.1-5; Pv 26.18-19
29 Lm 1.1—2.22; Fm 1-25; Sl 101.1-8; Pv 26.20
30 Lm 3.1-66; Hb 1.1-14; Sl 102.1-28; Pv 26.21-22
31 Lm 4.1—5.22; Hb 2.1-18; Sl 103.1-22; Pv 26.23

NOVEMBRO

1 Ez 1.1—3.15; Hb 3.1-19; Sl 104.1-23; Pv 26.24-26;
2 Ez 3.16—6.14; Hb 4.1-16; Sl 104.24-35; Pv 26.27
3 Ez 7.1—9.11; Hb 5.1-14; Sl 105.1-15; Pv 26.28
4 Ez 10.1—11.25; Hb 6.1-20; Sl 105.16-36; Pv 27.1-2
5 Ez 12.1—14.11; Hb 7.1-17; Sl 105.37-45; Pv 27.3
6 Ez 14.12—16.41; Hb 7.18-28; Sl 106.1-12; Pv 27.4-6
7 Ez 16.42—17.24; Hb 8.1-13; Sl 106.13-31; Pv 27.7-9
8 Ez 18.1—19.14; Hb 9.1-10; Sl 106.32-48; Pv 27.10
9 Ez 20.1-49; Hb 9.11-28; Sl 107.1-43; Pv 27.11;
10 Ez 21.1—22.31; Hb 10.1-17; Sl 108.1-13; Pv 27.12
11 Ez 23.1-49; Hb 10.18-39; Sl 109.1-31; Pv 27.13
12 Ez 24.1—26.21; Hb 11.1-16; Sl 110.1-7; Pv 27.14
13 Ez 27.1—28.26; Hb 11.17-31; Sl 111.1-10; Pv 27.15-16
14 Ez 29.1—30.26; Hb 11.32—12.13; Sl 112.1-10; Pv 27.17
15 Ez 31.1—32.32; Hb 12.14-29; Sl 113.1—114.8; Pv 27.18-20
16 Ez 33.1—34.31; Hb 13.1-25; Sl 115.1-18; Pv 27.21-22
17 Ez 35.1—36.38; Tg 1.1-18; Sl 116.1-19; Pv 27.23-27
18 Ez 37.1—38.23; Tg 1.19—2.17; Sl 117.1-2; Pv 28.1
19 Ez 39.1—40.27; Tg 2.18—3.18; Sl 118.1-18; Pv 28.2
20 Ez 40.28—41.26; Tg 4.1-17; Sl 118.19-29; Pv 28.3-5
21 Ez 42.1—43.27; Tg 5.1-20; Sl 119.1-16; Pv 28.6-7
22 Ez 44.1—45.12; 1Pe 1.1-12; Sl 119.17-32; Pv 28.8-10
23 Ez 45.13—46.24; 1Pe 1.13—2.10; Sl 119.33-48; Pv 28.11
24 Ez 47.1—48.35; 1Pe 2.11—3.7; Sl 119.49-64; Pv 28.12-13
25 Dn 1.1—2.23; 1Pe 3.8—4.6; Sl 119.65-80; Pv 28.14
26 Dn 2.24—3.30; 1Pe 4.7—5.14; Sl 119.81-96; Pv 28.15-16
27 Dn 4.1-37; 2Pe 1.1-21; Sl 119.97-112; Pv 28.17-18
28 Dn 5.1-31; 2Pe 2.1-22; Sl 119.113-128; Pv 28.19-20
29 Dn 6.1-28; 2Pe 3.1-18; Sl 119.129-152; Pv 28.21-22
30 Dn 7.1-28; 1Jo 1.1-10; Sl 119.153-176; Pv 28.23-24

DEZEMBRO

1 Dn 8.1-27; 1Jo 2.1-17; Sl 120.1-7; Pv 28.25-26
2 Dn 9.1—11.1; 1Jo 2.18—3.6; Sl 121.1-8; Pv 28.27-28
3 Dn 11.2-35; 1Jo 3.7-24; Sl 122.1-9; Pv 29.1
4 Dn 11.36—12.13; 1Jo 4.1-21; Sl 123.1-4; Pv 29.2-4
5 Os 1.1—3.5; 1Jo 5.1-21; Sl 124.1-8; Pv 29.5-8
6 Os 4.1—5.15; 2Jo 1-13; Sl 125.1-5; Pv 29.9-11
7 Os 6.1—9.17; 3Jo 1-15; Sl 126.1-6; Pv 29.12-14
8 Os 10.1—14.9; Jd 1-25; Sl 127.1-5; Pv 29.15-17
9 Jl 1.1—3.21; Ap 1.1-20; Sl 128.1-6; Pv 29.18
10 Am 1.1—3.15; Ap 2.1-17; Sl 129.1-8; Pv 29.19-20
11 Am 4.1—6.14; Ap 2.18—3.6; Sl 130.1-8; Pv 29.21-22
12 Am 7.1—9.15; Ap 3.7-22; Sl 131.1-3; Pv 29.23
13 Ob 1-21; Ap 4.1-11; Sl 132.1-18; Pv 29.24-25
14 Jn 1.1—4.11; Ap 5.1-14; Sl 133.1-3; Pv 29.26-27
15 Mq 1.1—4.13; Ap 6.1-17; Sl 134.1-3; Pv 30.1-4
16 Mq 5.1—7.20; Ap 7.1-17; Sl 135.1-21; Pv 30.5-6
17 Na 1.1—3.19; Ap 8.1-13; Sl 136.1-26; Pv 30.7-9
18 Hc 1.1—3.19; Ap 9.1-21; Sl 137.1-9; Pv 30.10
19 Sf 1.1—3.20; Ap 10.1-11; Sl 138.1-8; Pv 30.11-14
20 Ag 1.1—2.23; Ap 11.1-19; Sl 139.1-24; Pv 30.15-16
21 Zc 1.1-21; Ap 12.1-17; Sl 140.1-13; Pv 30.17
22 Zc 2.1—3.10; Ap 12.18—13.18; Sl 141.1-10; Pv 30.18-20
23 Zc 4.1—5.11; Ap 14.1-20; Sl 142.1-7; Pv 30.21-23
24 Zc 6.1—7.14; Ap 15.1-8; Sl 143.1-12; Pv 30.24-28
25 Zc 8.1-23; Ap 16.1-21; Sl 144.1-15; Pv 30.29-31
26 Zc 9.1-17; Ap 17.1-18; Sl 145.1-21; Pv 30.32
27 Zc 10.1—11.17; Ap 18.1-24; Sl 146.1-10; Pv 30.33
28 Zc 12.1—13.9; Ap 19.1-21; Sl 147.1-20; Pv 31.1-7
29 Zc 14.1-21; Ap 20.1-15; Sl 148.1-14; Pv 31.8-9
30 Ml 1.1—2.17; Ap 21.1-27; Sl 149.1-9; Pv 31.10-24
31 Ml 3.1—4.6; Ap 22.1-21; Sl 150.1-6; Pv 31.25-31

Técnica Feynman
Aprenda um jeito simples de aprender mais!

A Técnica Feynman foi criada pelo físico americano Richard Philips Feynman (1918-1988) e tem o objetivo de acelerar o aprendizado. São quatro passos bem simples.

1 - Escolha o tópico que deseja aprender

No nosso dia a dia somos tão cobradas a saber "de tudo um pouco" que acabamos não nos aprofundando em quase nada. Para piorar, inventaram que as mulheres conseguem fazer "várias coisas ao mesmo tempo"... Nós podemos fazer várias coisas, mas não ao mesmo tempo! Se queremos fazer bem feito, temos de focar em uma coisa de cada vez.

Nossa habilidade está em "virar a chave" rapidamente, por exemplo: quando estamos conversando com alguém, nosso "radar" continua ligado e podemos perceber que alguém entrou na sala, pegou um livro da estante e saiu. Em alguns casos, podemos até dizer qual livro foi retirado, mas nem por isso deixamos de ouvir nosso interlocutor.

Esse poder de percepção é real, mas não devemos confundi-lo com executar muitas coisas ao mesmo tempo, e isso vale para o aprendizado também. Portanto, ainda que você tenha que aprender várias coisas, escolha um tópico de cada vez e reserve o tempo necessário para reunir informações.

Dica: embora a internet ajude nessa tarefa, lembre-se de que há muita informação rasa, incorreta e até mesmo falsa. Verifique as fontes e fique atenta à qualidade dos dados.

2 - Explique o tópico a alguém

Depois de estudar sobre o tema, explique-o para alguém que não saiba nada sobre ele. Quanto menos noção do assunto a pessoa tiver, melhor. Isso vai fazer com que você precise desenvolver uma linguagem simples, dar exemplos e fazer analogias até que a pessoa compreenda.

Dica: na falta de alguém disponível, cumpra esse passo em frente ao espelho. Você vai explicar para si mesma, em voz alta, tudo o que aprendeu e isso vai lhe dar uma ideia de como assimilou o conteúdo até ali.

3 – Identifique as falhas no entendimento

Se você perceber que não consegue responder às perguntas e tirar as dúvidas de seu "aluno", anote todas essas lacunas, pois elas são um indicativo de coisas que provavelmente você também não compreendeu.

Dica: há basicamente três formas como aprendemos: lendo, ouvindo explicações dadas por outras pessoas (seja pessoalmente ou por meio de qualquer tipo de áudio) ou vendo alguém fazer (in loco ou em vídeos). Veja qual dessas formas é mais eficiente para você e invista nela. Para mais informações, aponte a câmera do seu celular para o QR Code abaixo e confira um vídeo sobre o assunto.

4 – Aprimore o entendimento

Depois de identificar as falhas no entendimento, revisite seu material de estudo e, caso necessário, aumente as suas fontes, buscando mais informações. Esse passo permite que você vá direto aos pontos cegos no aprendizado e preencha essas lacunas até que sua pesquisa fique completa e seu aprendizado se torne mais abrangente.

Dica: depois de aprimorar seus conhecimentos, volte ao passo 2 para tirar as dúvidas do seu "aluno". Se possível, busque também outra pessoa que não tenha familiaridade no assunto.

Sua imagem deve refletir quem você é

Verdades sejam ditas: as pessoas nos avaliam pela nossa imagem e nós também fazemos isso com os outros! Em questão de segundos, nosso cérebro tenta decifrar quem está à nossa frente. Não se trata de julgamento, mas, sim, de uma característica quase que involuntária de todo ser humano.

A sua imagem e seu comportamento devem refletir quem você é, sem passar uma informação errada sobre você. Ou seja, não basta ser competente, é preciso **parecer** competente. Para começar, conheça melhor o seu corpo tirando as suas medidas. Veja na ilustração onde posicionar a fita métrica e anote cada medida nos espaços.

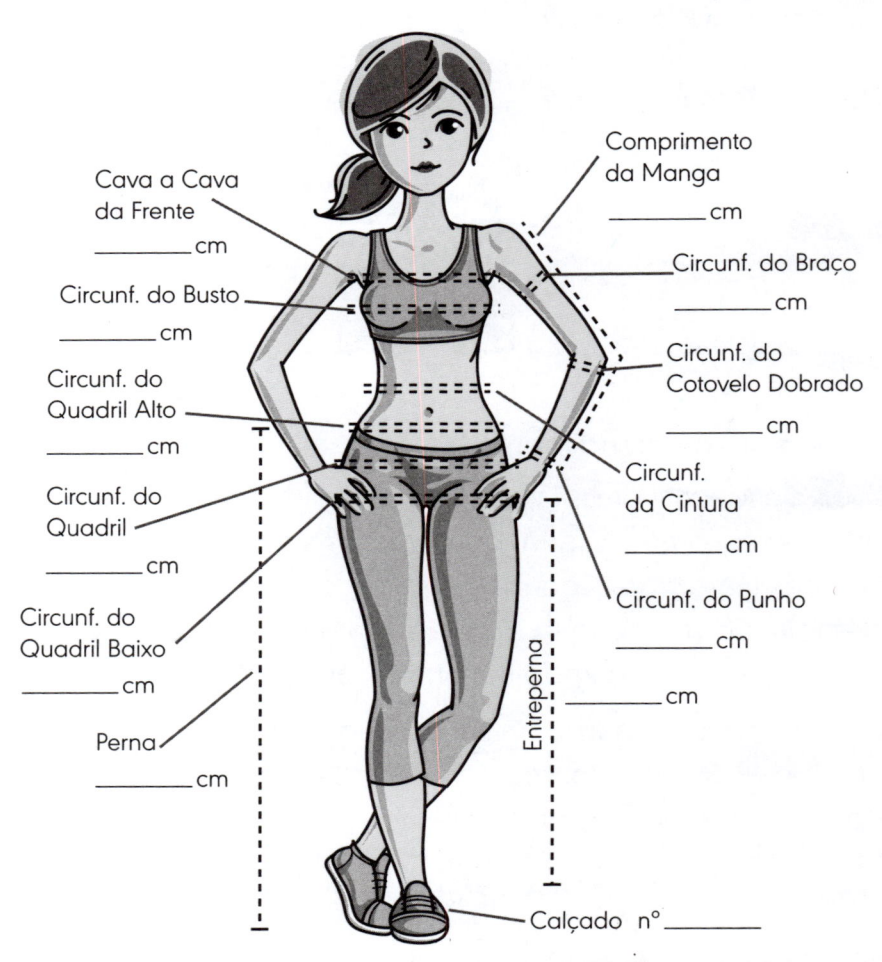

Cava a Cava da Frente
_____ cm

Circunf. do Busto
_____ cm

Circunf. do Quadril Alto
_____ cm

Circunf. do Quadril
_____ cm

Circunf. do Quadril Baixo
_____ cm

Perna
_____ cm

Comprimento da Manga
_____ cm

Circunf. do Braço
_____ cm

Circunf. do Cotovelo Dobrado
_____ cm

Circunf. da Cintura
_____ cm

Circunf. do Punho
_____ cm

Entreperna _____ cm

Calçado n° _____

Reconheça seu formato de corpo

Basicamente nos guiamos por cinco principais formatos. Verifique qual é o mais próximo do seu tipo de corpo, pois isso vai ajudá-la a pesquisar peças que a valorizem.

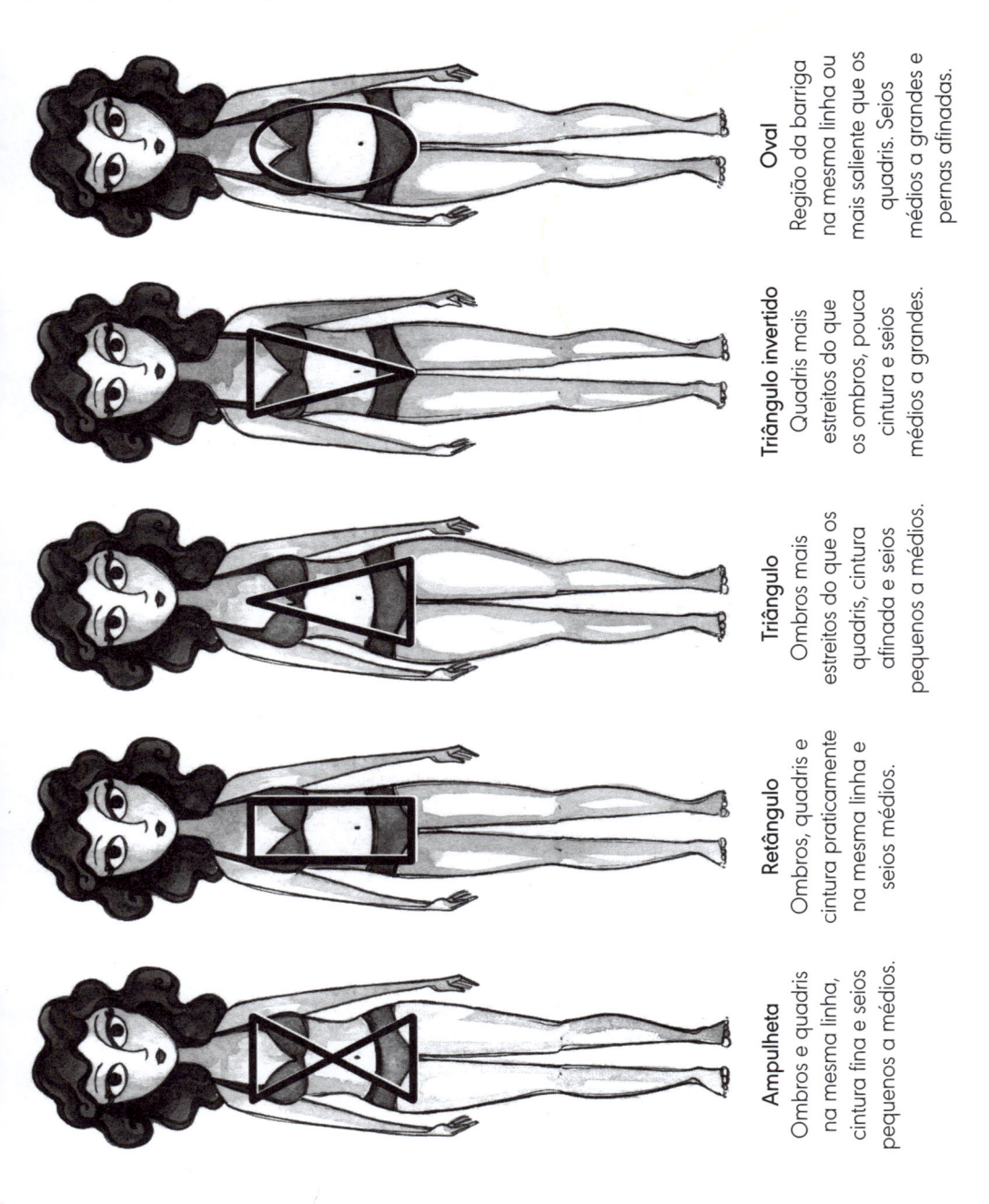

Oval
Região da barriga na mesma linha ou mais saliente que os quadris. Seios médios a grandes e pernas afinadas.

Triângulo invertido
Quadris mais estreitos do que os ombros, pouca cintura e seios médios a grandes.

Triângulo
Ombros mais estreitos do que os quadris, cintura afinada e seios pequenos a médios.

Retângulo
Ombros, quadris e cintura praticamente na mesma linha e seios médios.

Ampulheta
Ombros e quadris na mesma linha, cintura fina e seios pequenos a médios.

A roupa deve se adequar ao seu corpo, e não o seu corpo à roupa

E aquela peça que "todo mundo está usando", mas não dá certo em você? Ela não foi pensada para o seu tipo de corpo, logo, não deve estar no seu guarda-roupa.

Sabe por que as modelos de passarela são altas e extremamente magras? Porque esse biotipo facilita o trabalho da indústria. Quanto mais curvas a mulher tem, mais elaborada a roupa precisa ser (e quem quer ter todo esse trabalho?). Porém, é possível valorizar seu tipo de corpo escolhendo peças adequadas. Veja algumas dicas!

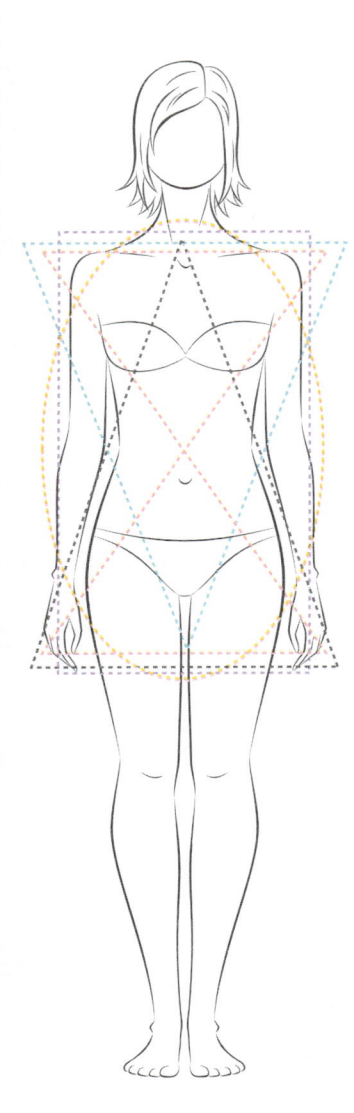

Ampulheta – Prefira peças que valorizem a cintura: vestidos acinturados e tipo envelope, saia lápis, casacos com cinto, blusas ajustadas na cintura (ajustada não significa apertada!). Como seu ponto alto é o centro do corpo, varie entre looks que valorizam a parte de cima e outros que destaquem a parte de baixo.

Retângulo – Para a parte de cima, aposte em peças com volume nos ombros (babados, rendas, detalhes amplos e ombreiras). Prefira blusas com decote V para valorizar o colo. Na parte de baixo, ressalte os quadris com saias evasê e calças amplas no quadril.

Triângulo – Equilibre a silhueta com mais volume na parte de cima (babados, rendas, detalhes amplos e ombreiras), evitando volume na parte de baixo (use saias e calças retas). Colares, lenços, brincos grandes e tudo que traga volume próximo ao rosto ajudam na composição.

Triângulo invertido – Equilibre a silhueta com menos volume na parte de cima (blusas ajustadas em cima e mais amplas embaixo) e foque a atenção para a parte de baixo do corpo. Calças mais largas, com barras amplas ou detalhes do joelho para baixo, ajudam na proporção.

Oval – Evite volumes na parte de cima e prefira blusas soltas que não marquem a cintura. Evidencie as pernas, mas cuidado com roupas curtas, para não expressar vulgaridade. Decotes V suavizam o look e vestidos monocromáticos, soltos e na altura do joelho são boas escolhas.

Preencha o pontilhado com o formato do seu corpo na figura ao lado.

Com que roupa eu vou?

Sabe quando abrimos o armário lotado e dizemos que não temos "nada" para vestir? Um dos motivos é que as roupas não estão de acordo com os lugares aonde vamos. Para evitar essa "saia justa", preencha o quadro com os lugares onde você vai (na maior parte do tempo) e o tipo de roupa e calçado adequado.

	Segunda	Terça	Quarta	Quinta	Sexta	Sábado	Domingo
Lugares aonde vou							
Tipo de Roupa Adequada							
Tipo de Calçado Adequado							

Agora, compare as roupas que deve usar na maior parte do tempo com as que você tem. Talvez seu trabalho exija roupa social, mas você está cheia de jeans, camisetas e tênis. Aí, realmente você não vai ter o que vestir! A ideia é adequar seu armário às suas necessidades. Para isso, temos mais dicas nas páginas a seguir!

Meu inventário

Verifique tudo o que você tem no seu guarda-roupa e conte cada tipo de peça: partes de cima e de baixo, peças únicas como vestidos e macacões, acessórios, calçados, bolsas etc. Aproveite para tirar o que não serve ou não quer mais. Doe, troque ou venda o que estiver em bom estado e descarte o que não dá mais para usar. Assim, você abre espaço para as peças novas que virão!

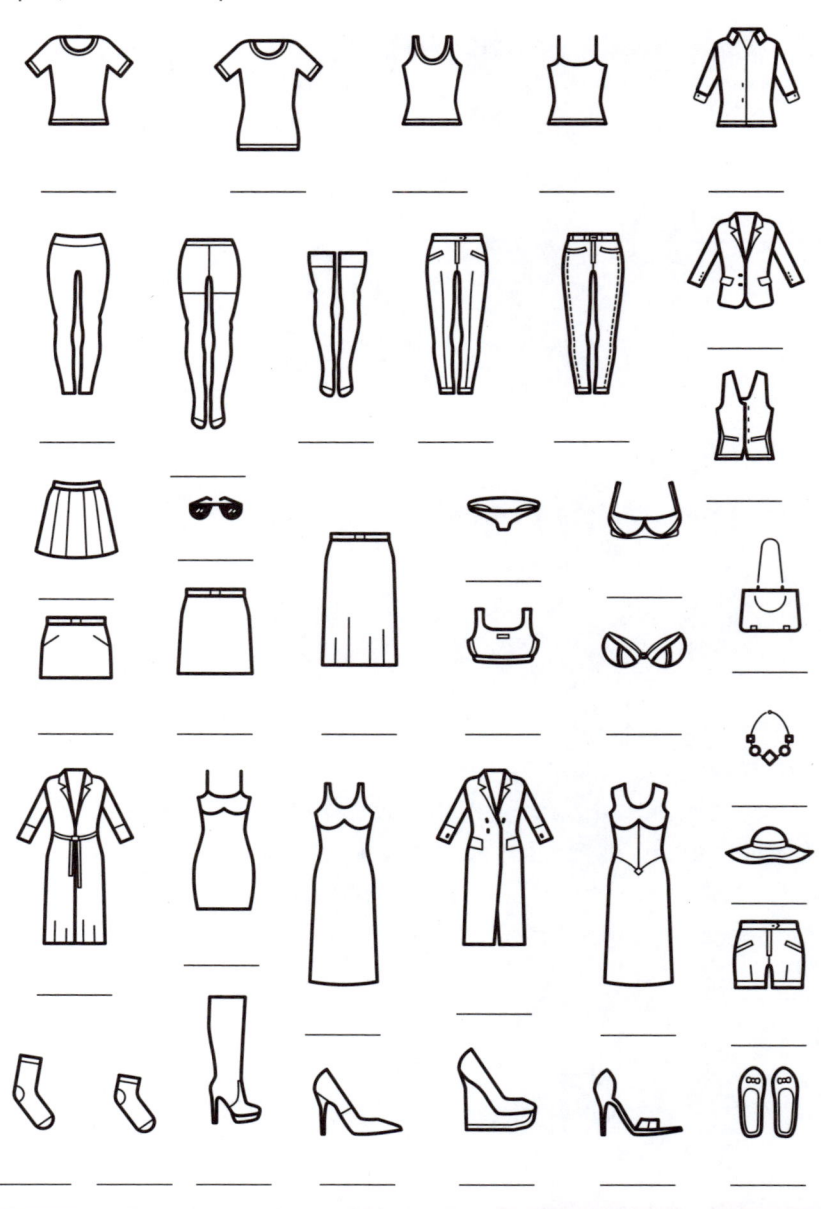

Com que roupa eu vou?

Divirta-se pesquisando na internet os tipos de peças que valorizam a sua silhueta, que sejam adequados aos lugares onde você vai com frequência e consulte o seu inventário para saber o que está faltando.

Anote nas linhas abaixo e coloque na sua "lista de desejos" para as próximas compras. De agora em diante você vai investir em peças perfeitas para você e ainda vai economizar o dinheiro que gastava em coisas que só entulhavam o seu armário!

Peça	Loja/Site	Valor

Cuide bem das suas roupas

As etiquetas das roupas indicam a maneira correta de lavar e passar para que nossas roupas durem mais. Consulte a tabela abaixo e confira nossas dicas!

Símbolo	Significado
	Proibido lavar à água
	Água em temperatura mínima
	Água em temperatura média
	Água em temperatura máxima
	Deve ser lavado à mão
	Não torcer
	Lavar à seco
	Não lavar à seco
	Lavar à seco com produto específico
	Alvejar
	Não alvejar
	Alvejar com cloro
	Secar na sacadora
	Não secar na sacadora
	Secar
	Secar no varal
	Secar no cabide
	Secar na horizontal
	Secar à sombra
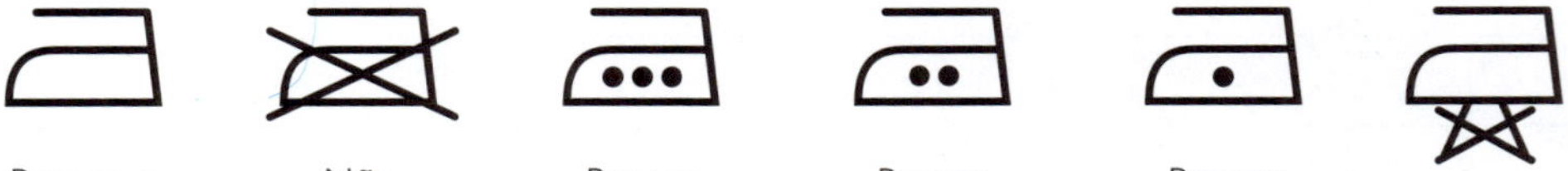	Passar a qualquer temperatura
	Não passar
	Passar temperatura máxima (200°C)
	Passar temperatura média (150°C)
	Passar temperatura mínima (110°C)
	Não utilizar vapor

1. Lave menos, higienize mais!

A lavagem constante desgasta a roupa e os sabões – mesmo os mais delicados – causam danos com o tempo. Jeans e casacos podem ser usados várias vezes antes de lavar se forem higienizados com sprays próprios e arejados antes de voltarem para o armário.

2. Remova manchas antes de lavar

Para não enfraquecer o tecido, use sempre água fria e produtos adequados para roupas brancas e coloridas. Ler o rótulo dos produtos e usá-los conforme indicado é essencial.

3. Secagem ao natural: sol ou sombra?

Sol para roupas brancas e claras e sombra para as coloridas, pois podem desbotar.

4. Quantidade de roupas, sabões e separações

Lave a quantidade de roupas que preencha a capacidade máxima da máquina para evitar desperdício de água e luz. Lave separadamente roupas coloridas, brancas e pretas e use o sabão indicado para cada uma. Use sempre o ciclo correto de lavagem, pois peças delicadas em ciclos pesados pode danificar as peças.

5. Secadora é ótima (e eu amo a minha), mas tome cuidado!

Há tecidos que não podem ser secados em altas temperaturas, pois podem danificar ou encolher e há alguns que não podem ir para a secadora de jeito nenhum!

6. Pendure e guarde corretamente

Roupas que esticam ao serem penduradas não devem ir para o varal. Prefira secá-las abertas (sobre várias hastes de um varal de piso ou de teto, por exemplo) para não deformarem. No armário, guarde-as dobradas e não em cabides.

7. Passe a ferro com cuidado

Ferros de passar podem desbotar alguns tecidos ou deixá-los com um brilho indesejado. Passe na temperatura correta e ao avesso ou use um protetor chamado sapata anti-brilho.

Produtos de beleza

Os cuidados com pele, cabelos e unhas são essenciais, e aqui vão algumas dicas!

Filtro solar – use mesmo sem se expor ao sol, pois ele também protege da luz visível (de lâmpadas e telas) que podem causar envelhecimento precoce e intensificar manchas existentes.

Hidratantes para corpo e rosto – ar condicionado, mudanças bruscas de temperatura, banho quente e alguns sabonetes ressecam a pele, mas os hidratantes ajudam a manter o frescor.

Base, BB Cream ou CC Cream – eles uniformizam a pele e dão um ar de descanso. Vá sem maquiagem a uma loja especializada e teste as opções de cores até encontrar a sua!

Corretivo – minimiza olheiras e manchas. Aplique antes da base, assim você ficará com a pele mais uniforme e usará uma quantidade menor de base, deixando a maquiagem mais natural.

Pó solto – ideal para selar a base sem pesar. Ele tira o brilho sem deixar a pele super opaca.

Para os olhos – máscara de cílios destaca o olhar, enquanto os duos ou kits de sombra com poucas cores são ótimas opções, pois você escolherá apenas as que irá usar.

Batom – não precisamos ter muitos, três tons são suficientes: suave, como rosa e coral; neutro, como pêssego e nude (tom próximo à cor dos seus lábios); e marcante, como vermelho e vinho.

Cabelos – lavar demais pode ressecar e deixá-los opacos, mas lavar pouco pode acumular óleo, causando odor e descamação. O ideal é prestar atenção ao couro cabeludo e à aparência dos fios para equilibrar as lavagens. Prefira sempre água morna ou fria.

Unhas – mantê-las limpas e lixadas é suficiente para as mais básicas. Esmaltes em cores mais tradicionais vão com tudo. Cuidado com cores neon e decorações espalhafatosas. Menos é mais!

Consulte um bom dermatologista – usar produtos por conta própria pode causar vários danos, tome cuidado! Dermocosméticos têm preços mais altos, porém, produtos inadequados ou desnecessários farão você gastar à toa e ainda arriscar sua saúde. O barato pode sair caro!

Dicas para economizar no supermercado

• **Faça uma lista de compras (do jeito certo!)** – Além de anotar o que está faltando, veja o que foi parar no lixo! Diga não ao desperdício acertando a quantidade ou excluindo da lista.

• **Saia do automático** – Compre sem pressa. Leia os rótulos, as datas de validade e compare preços e quantidades entre as marcas. Às vezes, mudar faz bem!

• **Experimente produtos de marca própria** – Várias redes possuem produtos próprios com preço bom e qualidade. Eu testei vários, e a maioria não decepciona. Aproveite!

• **Olho vivo na reduflação** – É quando o fabricante diminui a quantidade, mas mantém o preço. As embalagens são as mesmas, mas com um texto pequeno informando a redução.

• **Programas de fidelidade** – Confira se há programa de vantagens e participe, afinal, uma vez que você vai comprar de qualquer jeito, melhor ter benefícios extras!

• **Evite alimentos pré-prontos** – Tudo o que é cortado, lavado, fatiado, ralado, pré-cozido ou descascado é mais caro. Prefira alimentos sem pré-preparo (que são até mais saudáveis).

Fique de olho nas estratégias que querem fazer você gastar mais!

• **Troca-troca** – Há mercados que mudam os produtos de lugar o tempo todo. Isso é para fazer o cliente percorrer a loja toda, ver mais coisas e comprar além do que planejou.

• **Demanda artificial** – São espaços vazios nas prateleiras deixados de propósito para parecer que o produto está vendendo muito, o que gera a urgência de comprar "antes que acabe".

• **Contraste proposital de preços** – produtos similares são expostos lado a lado, um caro e um barato. Isso induz o cliente a levar para "aproveitar", mas pode ser o preço normal.

• **Compras de última hora** – os corredores dos caixas têm bebidas e doces, pois os clientes estão com sede e sem energia, e as crianças têm muitas guloseimas ao seu alcance.

Para não cair nessas "ciladas", seja fiel à sua lista e pesquise preços para ver se estão mesmo em promoção. Alimente-se antes das compras e leve uma garrafa d'água de casa. Levar as crianças é bom! Dê um valor para comprarem o que quiserem, assim elas vão aprender a consultar preços, comparar produtos e escolher o que podem comprar com o próprio dinheiro.

Investimentos – Mitos e verdades

Pegue as dicas para entender os principais conceitos e faça o seu dinheiro trabalhar para você!

- **Investimento é só para quem tem muito dinheiro – MITO!**

Há CDBs com aplicações a partir de R$ 1, títulos do Tesouro Direto por pouco mais de R$ 30, fundos imobiliários por R$ 50 e até ações por menos de R$ 10 reais.

- **Investimento não vai deixar ninguém rico – VERDADE!**

O que enriquece é o trabalho. Investimentos têm a função de manter o poder de compra e, a longo prazo, trazer rendimentos para multiplicar o dinheiro.

- **O dinheiro fica preso e não pode sacar – MITO!**

Há diversos investimentos com liquidez diária, ou seja, nessa modalidade o dinheiro pode ser sacado em dois ou três dias, de um dia para outro e até no mesmo dia.

- **É mais importante investir sempre do que investir muito – VERDADE!**

Resultados vêm a longo prazo. Compare estas simulações*:
R$ 100/mês por 30 anos (R$ 36.000 investidos) = R$ 300.555,40
R$ 30.000/mês por 6 meses (R$ 180.000 investidos) = R$ 183.525,65
*CDB com 100% do CDI e Selic efetiva de 12,65% a.a. – Calculadora Valor Investe.

- **É melhor ganhar pouco na poupança do que perder dinheiro – MITO!**

A poupança tem garantia do Fundo Garantidor de Crédito (FGC), que também garante outras aplicações de renda fixa (CDB, RDB, LC, LCI e LCA) que rendem mais.

- **Quem compra terra, não erra! O melhor investimento é em imóvel – MITO!**

Não se pode afirmar que um investimento sempre estará em alta. O imóvel sempre estará lá, mas seu valor de mercado pode cair por uma série de fatores. Além do que, se precisar de dinheiro rápido, a venda pode demorar meses ou até anos.

Dicas de ouro

Não pergunte "qual é o melhor investimento?", pois não há resposta!

Não existe uma aplicação que seja boa para todos ou que renda mais do que todas as demais. Investimentos dependem de três fatores: valor a ser aplicado, objetivo e prazo.

Quanto maiores o valor, a taxa e o prazo, maior o rendimento. O melhor investimento para você será o que aceita o valor que você tem, que ofereça o prazo de resgate que você precisa e que esteja alinhado ao seu objetivo.

Paciência e constância são a maior defesa contra golpes e fraudes

A pressa e a ganância são a receita do fracasso! Acreditar em altos rendimentos, num curto período de tempo e investindo pouco, é ser presa fácil para golpistas. Fuja, pois se o mercado financeiro não oferece isso, existe uma razão: não é possível!

Não espere o dinheiro sobrar

Dinheiro não sobra! Se estiver dando sopa na conta, logo a pessoa dá um jeito de gastar. Você não se vira para pagar um financiamento? Pois tenha o mesmo compromisso com você! Assuma o compromisso de "pagar um boleto para o seu eu do futuro" investindo todos os meses. Invista primeiro, pague as contas depois!

Viva com mais segurança

Quando alguém compra um carro, é prudente que faça um seguro antes mesmo de tirá-lo da loja. É arriscado sair sem cobertura e perder aquele bem, não é mesmo? Mas e quanto a você? Você é o seu bem mais precioso! Há seguros em que a pessoa é a beneficiária em vida, como coberturas para doenças graves, para acidentes e outros que pagam um valor diário enquanto você não pode trabalhar ou está internada. Pense nisso!

Esteja sempre alerta!

Os golpes financeiros vêm crescendo a cada ano, por isso, fuja de propostas que oferecem altos ganhos, em um curto período de tempo e sem qualquer risco. Dinheiro fácil e rápido é o que a maioria das pessoas querem, mas que só os golpistas podem prometer, pois no mundo real, essa conta não fecha.

Coisas que valem mais do que dinheiro

Até aqui, fizemos uma viagem rumo ao autoconhecimento, vimos como desenvolver nosso potencial empreendedor, nosso conhecimento e espiritualidade, além de alinharmos a nossa imagem a quem somos. Mas antes de entrarmos na parte prática do nosso controle financeiro, vamos falar sobre coisas que valem mais do que dinheiro.

Há experiências que constroem memórias que valem mais do que muitas joias e pessoas que devemos honrar mais do que qualquer compromisso financeiro. Por isso, estas páginas foram reservadas para as experiências que você gostaria de viver e para as pessoas a quem você ama (e que talvez nem saibam o quanto!). Mergulhe nelas e construa um precioso castelo de memórias!

Lugares que quero ir
_____
_____
_____
_____
_____
_____

Comidas que quero provar
_____
_____
_____
_____
_____
_____

Experiências que quero viver
_____
_____
_____
_____
_____
_____

Pessoas especiais para mim

Será que todas as pessoas que você ama sabem que você as ama? Que tal surpreendê-las com ações que valem mais do que dinheiro? Escrever uma carta de próprio punho, mandar uma mensagem no meio da correria do dia a dia, comprar uma lembrancinha que só vocês sabem o significado, fazer uma visita inesperada, uma ligação, dar uma flor, chamar para um café.

As possibilidades são muitas, então, aproveite para organizá-las nos espaços abaixo!

Esta pessoa _____ é especial porque_____
_____
E merece esta surpresa _____
_____

Esta pessoa _____ é especial porque_____
_____
E merece esta surpresa _____
_____

Esta pessoa _____ é especial porque_____
_____
E merece esta surpresa _____
_____

Esta pessoa _____ é especial porque_____
_____
E merece esta surpresa _____
_____

Esta pessoa _____ é especial porque_____
_____
E merece esta surpresa _____
_____

Esta pessoa _____ é especial porque_____
_____
E merece esta surpresa _____
_____

Como usar a agenda semanal e o controle financeiro

Por ser um material permanente, você pode começar a usar o planner em qualquer época do ano. A chave para que ele seja uma ferramenta eficaz é **manter a disciplina!** Você trabalha duro, então, ter um tempinho para cuidar do seu dinheiro deve fazer parte da sua rotina. Use também os assistentes de ouro: o "Diário de Consumo" e os adesivos que ajudam a organizar e destacar o que você quiser.

1. Comece definindo os meses nas divisórias

Há 12 adesivos com meses (janeiro a dezembro). Cole na aba da primeira divisória o adesivo correspondente ao mês de início. Siga a ordem dos meses nas abas seguintes.

2. Calendário mensal

Consulte o calendário do mês e escreva os dias nas bolinhas. Se o mês começa numa sexta-feira, por exemplo, deixe os espaços de segunda a quinta da primeira semana em branco, coloque o número 1 na sexta e complete o restante dos dias. Use para anotar compromissos, consultas e exames, datas de vencimento de contas etc.

Importante
Anote os destaques da semana para visualizá-los com facilidade.

3. Tarefas

Anote o que não requer data e horário específico. Isso ajuda a "encaixar" nos momentos mais tranquilos.

4. Vídeo da Semana

Sugestão de um vídeo do meu canal do YouTube. Aponte a câmera do seu celular para o QR Code e, depois de assistir, preencha os quadros "assisti, curti e compartilhei".

5. Calendário Semanal

Cada coluna se refere a um dia. No alto há uma tarja para você anotar o dia da semana. Exemplo: janeiro de 2024 começa numa segunda-feira. Nesse caso, escreva na 1ª tarja "SEGUNDA, 01" e, na sequência, "TERÇA, 02", "QUARTA, 03" e assim por diante.

Abaixo da tarja do dia há 3 linhas para anotar os destaques do dia. Cada dia está separado em **MANHÃ**, **TARDE** e **NOITE** para dividir as tarefas por período. Use os adesivos para ajudar nas sinalizações. Como tomar água é fundamental, há copinhos para você acompanhar: cada copo que tomar, risque ou pinte um copinho. No rodapé, anote quantas horas dormiu naquele dia. Cuidar da saúde é tarefa diária!

6. Planejamento de Despesas

GASTOS EXTRAS OBRIGATÓRIOS: anote as contas que não incidem todos os meses, como: IPTU, IPVA, matrícula escolar, renovação de seguros e de documentos (passaporte, CNH), licenciamento de veículos etc.

LAZER, LIVROS e PRESENTES: anote o que pretende fazer, ler e os presentes que comprará naquele mês.

CARTÃO DE CRÉDITO: defina o valor que você poderá gastar no cartão (há espaço para 2 cartões) e procure não ultrapassar. Assim você pagará o total da fatura e não entrará no rotativo.

OUTRAS COISAS: anote dados extras.

7. Orçamento Mensal

RECEBIMENTOS: anote (de preferência a lápis) tudo o que receber no mês em ordem cronológica, descrevendo a que se refere (salário, férias, 13°, bônus, venda, comissão etc). Lance sempre o valor líquido, pois é o que efetivamente vai receber.

PAGAMENTOS: lance todas as despesas em ordem cronológica, com a descrição, a qual categoria pertence (veja mais adiante) e o valor.

Dicas:

Compras parceladas: lance apenas a parcela a ser paga no mês e indique o número da parcela. Ex.: se comprou em dez vezes e pagará no mês vigente a parcela 3, lance "parcela 3/10". No mês seguinte, lance "parcela 4/10", e assim por diante.

Cartões de crédito: lance apenas o valor total da fatura, pois como o detalhe dos gastos está na fatura, é desnecessário lançar uma a um.

Gastos do "Diário de Consumo": lance o valor total dos gastos do mês que foram pagos em dinheiro, no PIX, ou no débito e que não estavam previstos no orçamento.

8. Balanço Mensal

Lance a soma total dos recebimentos, o total das despesas e veja se sobrou ou faltou dinheiro. Se tiver sobra, anote o valor em "**POSITIVO EM**", e se faltou, lance o valor em "**NEGATIVO EM**". *Ex.:* se o total de recebimentos foi de R$ 2.980,24 e o de despesas foi de R$ 2.753,89, o balanço foi positivo em R$ 226,35.

Em "**MEU PLANO DE AÇÃO PARA O MÊS QUE VEM**", escreva o que fará para melhorar a sua gestão financeira. Se o balanço foi positivo, ótimo! Anotar o que vai fazer com o valor sobressalente. Considere guardar para um mês em que haja mais despesas (consulte a seção de PLANEJAMENTO DE DESPESAS e veja se faltará dinheiro em algum mês futuro). Se o seu balanço foi negativo, anote o que fará para equilibrar as contas.

Dica: em vez de recorrer a empréstimos e ter mais despesas no seu orçamento, faça uma renda extra ou venda algo que não esteja em uso para cobrir o negativo.

9. Resumo de Despesas por Categoria

Some os valores de cada categoria e lance nos espaços, assim você visualizará facilmente se precisa diminuir os gastos de alguma delas. Identifique as categorias:

Casa: contas de consumo: água, luz, gás (menos internet e telefone); manutenção ou melhorias; aluguel; condomínio; objetos de decoração ou utilidades domésticas; eletrodomésticos e eletroeletrônicos; cama, mesa e banho etc.

Estudos: matrículas e mensalidades escolares, livros, palestras, cursos etc.

Comunicação: telefones (fixo e celular) e internet.

Saúde: medicamentos, suplementos, consultas e exames médicos e odontológicos, mensalidade do plano de saúde, massagens, terapias, equipamentos, acessórios etc.

Transporte: ônibus, metrô, trem, carro de aplicativo, combustível, manutenção de veículo, impostos etc.

Alimentação: supermercado, feira, açougue, restaurante, lanchonete, delivery etc.

Lazer: passeios, viagens, atividades recreativas, esportes etc.

Pessoal: roupas, calçados, acessórios, produtos de beleza, salão, etc.

Investimentos: a ideia de considerar como "despesa" é que você "pague um boleto" para si mesma mensalmente. Pesquise as melhores opções de investimento considerando o valor que você tem, o prazo que deixará aplicado e o seu objetivo.

10. Devocional

Uma palavra de fé e perseverança para refletirmos juntas. Somos formadas de corpo, alma (sentimentos e emoções) e espírito (racionalidade e inteligência), por isso, é preciso cuidar dessas três áreas. Leia, medite e faça suas anotações.

Domingo						
Sábado						
Sexta						
Quinta						
Quarta						
Terça						
Segunda						

Calendário Semanal

IMPORTANTE!

Tarefas

Video da Semana. Leia o QR Code e confira.

Como paguei US$ 150 mil em dívidas - 6 passos práticos

- ☐ *Assisti*
- ☐ *Curti*
- ☐ *Compartilhei*

Manhã	*Manhã*	*Manhã*
Tarde	*Tarde*	*Tarde*
Noite	*Noite*	*Noite*
Horas de sono:_____	Horas de sono:_____	Horas de sono:_____

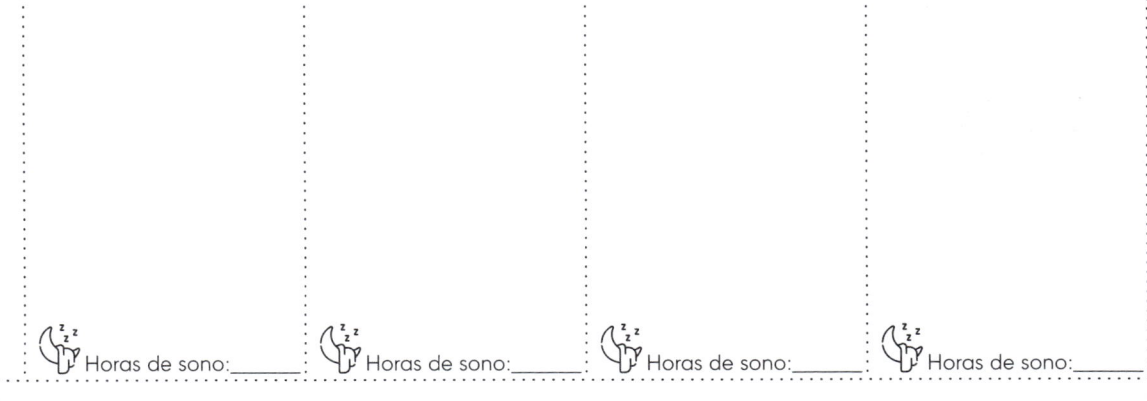

Calendário Semanal

Manhã	Manhã	Manhã	Manhã
Tarde	Tarde	Tarde	Tarde
Noite	Noite	Noite	Noite

Horas de sono:_____ Horas de sono:_____ Horas de sono:_____ Horas de sono:_____

Calendário Semanal

IMPORTANTE!

Tarefas

Video da Semana. Leia o QR Code e confira.

Não pague suas dívidas sem essas dicas!

☐ Assisti
☐ Curti
☐ Compartilhei

Manhã	Manhã	Manhã
Tarde	Tarde	Tarde
Noite	Noite	Noite

Horas de sono:_____   Horas de sono:_____   Horas de sono:_____

Calendário Semanal

Manhã	Manhã	Manhã	Manhã

Tarde	Tarde	Tarde	Tarde

Noite	Noite	Noite	Noite

Horas de sono:_____   Horas de sono:_____   Horas de sono:_____   Horas de sono:_____

Calendário Semanal

IMPORTANTE!

Tarefas

Video da Semana. Leia o QR Code e confira.

Autodisciplina em 7 passos (totalmente possíveis!)

- ☐ Assisti
- ☐ Curti
- ☐ Compartilhei

Manhã	Manhã	Manhã
Tarde	Tarde	Tarde
Noite	Noite	Noite
Horas de sono:___	Horas de sono:___	Horas de sono:___

Calendário Semanal

_____	_____	_____	_____
_____	_____	_____	_____
_____	_____	_____	_____

Manhã | Manhã | Manhã | Manhã

Tarde | Tarde | Tarde | Tarde

Noite | Noite | Noite | Noite

Horas de sono:_____ Horas de sono:_____ Horas de sono:_____ Horas de sono:_____

IMPORTANTE!

Calendário Semanal

_____	_____	_____
_____	_____	_____
_____	_____	_____

Manhã | Manhã | Manhã

Tarefas

Tarde | Tarde | Tarde

**Video da Semana.
Leia o QR Code
e confira.**

4 coisas que incentivam as compras por impulso – Fuja delas!

☐ Assisti
☐ Curti
☐ Compartilhei

Noite | Noite | Noite

Horas de sono: _____   Horas de sono: _____   Horas de sono: _____

Calendário Semanal

Manhã	Manhã	Manhã	Manhã
Tarde	Tarde	Tarde	Tarde
Noite	Noite	Noite	Noite

Horas de sono:_____   Horas de sono:_____   Horas de sono:_____   Horas de sono:_____

Calendário Semanal

IMPORTANTE!

Manhã	Manhã	Manhã

Tarde	Tarde	Tarde

Noite	Noite	Noite

Horas de sono:____   Horas de sono:____   Horas de sono:____

Tarefas

**Vídeo da Semana.
Leia o QR Code
e confira.**

Conheça o poder do básico bem-feito!

☐ Assisti
☐ Curti
☐ Compartilhei

PLANEJAMENTO DE DESPESAS

Gastos extras obrigatórios
Tem que pagar, não tem jeito!

Data   Despesa   Valor

____/____ _____ R$ _____
____/____ _____ R$ _____
____/____ _____ R$ _____

Lazer
Divirta-se! Isso faz parte de uma vida saudável, e você merece!

Onde   Com quem   Valor

_____ R$ _____
_____ R$ _____
_____ R$ _____

Livros
Pelo menos um, amiga!

Título/Autor   Valor

_____ R$ _____
_____ R$ _____
_____ R$ _____

Presentes
Quem não ama dar presentes?

Quem   Que dia   Valor

_____ ____/____ R$ _____
_____ ____/____ R$ _____
_____ ____/____ R$ _____

Cartão de Crédito
Cuidado com ele!

Anote aqui quanto você pode gastar no cartão e não ultrapasse o limite.

    Valor

1. _____ R$ _____
2. _____ R$ _____

Outras coisas...
Porque você tem SONHOS!

O que   Valor

_____ R$ _____
_____ R$ _____
_____ R$ _____

ORÇAMENTO MENSAL

Recebimentos

Dia	Descrição	Valor
_____	_____	R$ _____
_____	_____	R$ _____
_____	_____	R$ _____
_____	_____	R$ _____
_____	_____	R$ _____
_____	_____	R$ _____
_____	_____	R$ _____
_____	_____	R$ _____
_____	_____	R$ _____
_____	_____	R$ _____
_____	_____	R$ _____
_____	_____	R$ _____
_____	_____	R$ _____
_____	_____	R$ _____
_____	_____	R$ _____
_____	_____	R$ _____
_____	_____	R$ _____
_____	_____	R$ _____
_____	_____	R$ _____
_____	_____	R$ _____
_____	_____	R$ _____

Como posso AUMENTAR os meus recebimentos?

ORÇAMENTO MENSAL

Pagamentos

Dia	Descrição	Categoria	Valor
___	_____	_____	R$ _____
___	_____	_____	R$ _____
___	_____	_____	R$ _____
___	_____	_____	R$ _____
___	_____	_____	R$ _____
___	_____	_____	R$ _____
___	_____	_____	R$ _____
___	_____	_____	R$ _____
___	_____	_____	R$ _____
___	_____	_____	R$ _____
___	_____	_____	R$ _____
___	_____	_____	R$ _____
___	_____	_____	R$ _____
___	_____	_____	R$ _____
___	_____	_____	R$ _____
___	_____	_____	R$ _____
___	_____	_____	R$ _____
___	_____	_____	R$ _____
___	_____	_____	R$ _____
___	_____	_____	R$ _____
___	_____	_____	R$ _____
___	_____	_____	R$ _____
___	_____	_____	R$ _____
___	_____	_____	R$ _____
___	_____	_____	R$ _____
___	_____	_____	R$ _____
___	_____	_____	R$ _____

BALANÇO MENSAL

Total de recebimentos	R$	
Total de despesas	R$	
Saldo positivo ☺	R$	
Saldo negativo ☹	R$	

PLANO DE AÇÃO

Anote aqui o que você vai fazer para que o balanço do mês que vem seja melhor.

_____
_____
_____
_____
_____
_____
_____
_____
_____
_____
_____
_____
_____
_____
_____
_____
_____
_____
_____
_____
_____
_____

RESUMO DE DESPESAS POR CATEGORIA

- Casa
- Estudos
- Comunicação
- Saúde
- Transporte
- Alimentação
- Lazer
- Pessoal
- Investimentos

Notas

Categoria(s) em que devo gastar menos: _____

Categoria(s) em que devo investir mais: _____

Devocional do Mês

O tempo é seu bem mais precioso, valorize-o!

"Ensina-nos a contar os nossos dias, para que o nosso coração alcance sabedoria."
Salmos 90:12 (NVI)

Esse Salmo é uma oração de Moisés. Nela, o grande estadista que libertou o povo hebreu da escravidão no Egito, pede a Deus que o ensine a "contar os dias", pois crê que, fazendo isso, alcançará um coração sábio.

O coração representa a alma que, por sua vez, é a guardiã dos nossos sentimentos e emoções. Coração não pensa, apenas sente. Já a sabedoria está ligada ao intelecto, então, como fazer algo que não pensa se tornar sábio? Bem, é aí que entra o motivo da oração: só Deus pode fazer o que para nós é impossível!

Todos querem os benefícios que a sabedoria trás, mas nem todos estão dispostos a parar de desperdiçar tempo. Redes sociais, séries, conversa fiada e fuga das responsabilidades têm sido a rotina de grande parte das pessoas. Talvez essa seja a sua rotina, sem que você tenha percebido. Mas a boa notícia é que isso pode mudar hoje, a partir de agora!

Experimente fazer essa oração todos os dias, assim como fez Moisés. Comprometa-se a respeitar o tempo e a parar de desperdiçá-lo. Foque em viver o presente de maneira a acumular aprendizados e experiências, pois dessa forma, você alcançará sabedoria.

Domingo						
Sábado						
Sexta						
Quinta						
Quarta						
Terça						
Segunda						

Calendário Semanal

IMPORTANTE!

_____ _____ _____
_____ _____ _____
_____ _____ _____

Manhã	Manhã	Manhã

Tarde	Tarde	Tarde

Noite	Noite	Noite
Horas de sono:_____	Horas de sono:_____	Horas de sono:_____

Tarefas

Video da Semana. Leia o QR Code e confira.

O que a Bíblia diz sobre dívidas!

☐ Assisti
☐ Curti
☐ Compartilhei

Calendário Semanal

_____	_____	_____	_____
_____	_____	_____	_____
_____	_____	_____	_____

Manhã | Manhã | Manhã | Manhã

Tarde | Tarde | Tarde | Tarde

Noite | Noite | Noite | Noite

Horas de sono:_____ | Horas de sono:_____ | Horas de sono:_____ | Horas de sono:_____

Calendário Semanal

IMPORTANTE!

Tarefas

Video da Semana. Leia o QR Code e confira.

Como os melhores entre os melhores ficam cada vez melhores?

☐ Assisti
☐ Curti
☐ Compartilhei

	Manhã	Manhã	Manhã
	Tarde	Tarde	Tarde
	Noite	Noite	Noite

Horas de sono:_____   Horas de sono:_____   Horas de sono:_____

Calendário Semanal

_____	_____	_____	_____
_____	_____	_____	_____
_____	_____	_____	_____

Manhã	Manhã	Manhã	Manhã

Tarde	Tarde	Tarde	Tarde

Noite	Noite	Noite	Noite

Horas de sono:_____ Horas de sono:_____ Horas de sono:_____ Horas de sono:_____

Calendário Semanal

IMPORTANTE!

_____
_____
_____

Manhã	Manhã	Manhã
🥛 🥛 🥛 🥛	🥛 🥛 🥛 🥛	🥛 🥛 🥛 🥛

Tarde	Tarde	Tarde
🥛 🥛 🥛	🥛 🥛 🥛	🥛 🥛 🥛

Noite	Noite	Noite
🥛	🥛	🥛

Horas de sono:_____ | Horas de sono:_____ | Horas de sono:_____

Tarefas

Vídeo da Semana. Leia o QR Code e confira.

Tenha dinheiro o ano todo com estas 7 dicas!

☐ Assisti
☐ Curti
☐ Compartilhei

Calendário Semanal

Manhã	Manhã	Manhã	Manhã
Tarde	Tarde	Tarde	Tarde
Noite	Noite	Noite	Noite

Horas de sono:_____   Horas de sono:_____   Horas de sono:_____   Horas de sono:_____

Calendário Semanal

IMPORTANTE!

Manhã	Manhã	Manhã

Tarde	Tarde	Tarde

Tarefas

Noite	Noite	Noite

Video da Semana.
Leia o QR Code
e confira.

4 regras para abandonar maus hábitos

☐ Assisti
☐ Curti
☐ Compartilhei

Horas de sono: _____   Horas de sono: _____   Horas de sono: _____

Calendário Semanal

_____	_____	_____	_____
_____	_____	_____	_____
_____	_____	_____	_____

Manhã	Manhã	Manhã	Manhã

Tarde	Tarde	Tarde	Tarde

Noite	Noite	Noite	Noite

Horas de sono:_____   Horas de sono:_____   Horas de sono:_____   Horas de sono:_____

Calendário Semanal

_____	_____	_____
_____	_____	_____
_____	_____	_____

Manhã	Manhã	Manhã

Tarde	Tarde	Tarde

Noite	Noite	Noite

Horas de sono:_____   Horas de sono:_____   Horas de sono:_____

IMPORTANTE!

Tarefas

Video da Semana. Leia o QR Code e confira.

3 coisas que sobrecarregam as mulheres

☐ Assisti
☐ Curti
☐ Compartilhei

PLANEJAMENTO DE DESPESAS

Gastos extras obrigatórios
Tem que pagar, não tem jeito!

Data	Despesa	Valor
____/____	_____	R$ _____
____/____	_____	R$ _____
____/____	_____	R$ _____

Lazer
Divirta-se! Isso faz parte de uma vida saudável, e você merece!

Onde	Com quem	Valor
_____	_____	R$ _____
_____	_____	R$ _____
_____	_____	R$ _____

Livros
Pelo menos um, amiga!

Título/Autor	Valor
_____	R$ _____
_____	R$ _____
_____	R$ _____

Presentes
Quem não ama dar presentes?

Quem	Que dia	Valor
_____	____/____	R$ _____
_____	____/____	R$ _____
_____	____/____	R$ _____

Cartão de Crédito
Cuidado com ele!

Anote aqui quanto você pode gastar no cartão e não ultrapasse o limite.

	Valor
1. _____	R$ _____
2. _____	R$ _____

Outras coisas...
Porque você tem SONHOS!

O que	Valor
_____	R$ _____
_____	R$ _____
_____	R$ _____

ORÇAMENTO MENSAL

Recebimentos

Dia	Descrição	Valor
_____	_____	R$ _____
_____	_____	R$ _____
_____	_____	R$ _____
_____	_____	R$ _____
_____	_____	R$ _____
_____	_____	R$ _____
_____	_____	R$ _____
_____	_____	R$ _____
_____	_____	R$ _____
_____	_____	R$ _____
_____	_____	R$ _____
_____	_____	R$ _____
_____	_____	R$ _____
_____	_____	R$ _____
_____	_____	R$ _____
_____	_____	R$ _____
_____	_____	R$ _____
_____	_____	R$ _____
_____	_____	R$ _____
_____	_____	R$ _____
_____	_____	R$ _____

Como posso AUMENTAR os meus recebimentos?

ORÇAMENTO MENSAL

Pagamentos

Dia	Descrição	Categoria	Valor
_____	_____	_____	R$ _____
_____	_____	_____	R$ _____
_____	_____	_____	R$ _____
_____	_____	_____	R$ _____
_____	_____	_____	R$ _____
_____	_____	_____	R$ _____
_____	_____	_____	R$ _____
_____	_____	_____	R$ _____
_____	_____	_____	R$ _____
_____	_____	_____	R$ _____
_____	_____	_____	R$ _____
_____	_____	_____	R$ _____
_____	_____	_____	R$ _____
_____	_____	_____	R$ _____
_____	_____	_____	R$ _____
_____	_____	_____	R$ _____
_____	_____	_____	R$ _____
_____	_____	_____	R$ _____
_____	_____	_____	R$ _____
_____	_____	_____	R$ _____
_____	_____	_____	R$ _____
_____	_____	_____	R$ _____
_____	_____	_____	R$ _____
_____	_____	_____	R$ _____
_____	_____	_____	R$ _____
_____	_____	_____	R$ _____
_____	_____	_____	R$ _____
_____	_____	_____	R$ _____
_____	_____	_____	R$ _____

BALANÇO MENSAL

Total de recebimentos	R$	
Total de despesas	R$	
Saldo positivo ☺	R$	
Saldo negativo ☹	R$	

PLANO DE AÇÃO

Anote aqui o que você vai fazer para que o balanço do mês que vem seja melhor.

_____
_____
_____
_____
_____
_____
_____
_____
_____
_____
_____
_____
_____
_____
_____
_____
_____
_____
_____
_____

RESUMO DE DESPESAS POR CATEGORIA

- Casa
- Estudos
- Comunicação
- Saúde
- Transporte
- Alimentação
- Lazer
- Pessoal
- Investimentos

Notas

Categoria(s) em que devo gastar menos: _____

Categoria(s) em que devo investir mais: _____

Devocional do Mês

Abundância não é desperdício

"Se uma família for pequena demais para um animal inteiro, deve dividi-lo com seu vizinho mais próximo, conforme o número de pessoas e conforme o que cada um puder comer."
Êxodo 12:4 (NVI)

Quando se contrata um buffet, a principal informação é quantas pessoas serão servidas, pois é a partir desse número que serão feitos todos os cálculos para que nada falte nem haja desperdício. Essa é a forma mais inteligente e sempre será assim, pois trata-se de uma direção dada pelo próprio Deus, como vemos nesse versículo.

Essa regra foi instituída da primeira Páscoa, quando os hebreus foram libertados das mãos de faraó e partiram para a Terra Prometida. Mas, será que Deus, depois de mais quatrocentos anos de escravidão, estava mesmo preocupado com cordeiros? Claro que não! O Eterno havia preparado uma terra próspera para dar ao seu povo, mas era preciso que eles aprendessem a viver em abundância, sem confundi-la com desperdício.

Aqueles hebreus haviam nascido escravos, na miséria, e não tinham estrutura para lidar com a prosperidade. Logo, o risco de esbanjarem as riquezas que Deus lhes daria era muito grande.

Talvez você já tenha desperdiçado muito dinheiro e até se sinta escrava das dívidas, mas Deus pode ensiná-la a viver em abundância. O primeiro passo é administrar o que tem, para que possa ter condições de receber cada vez mais.

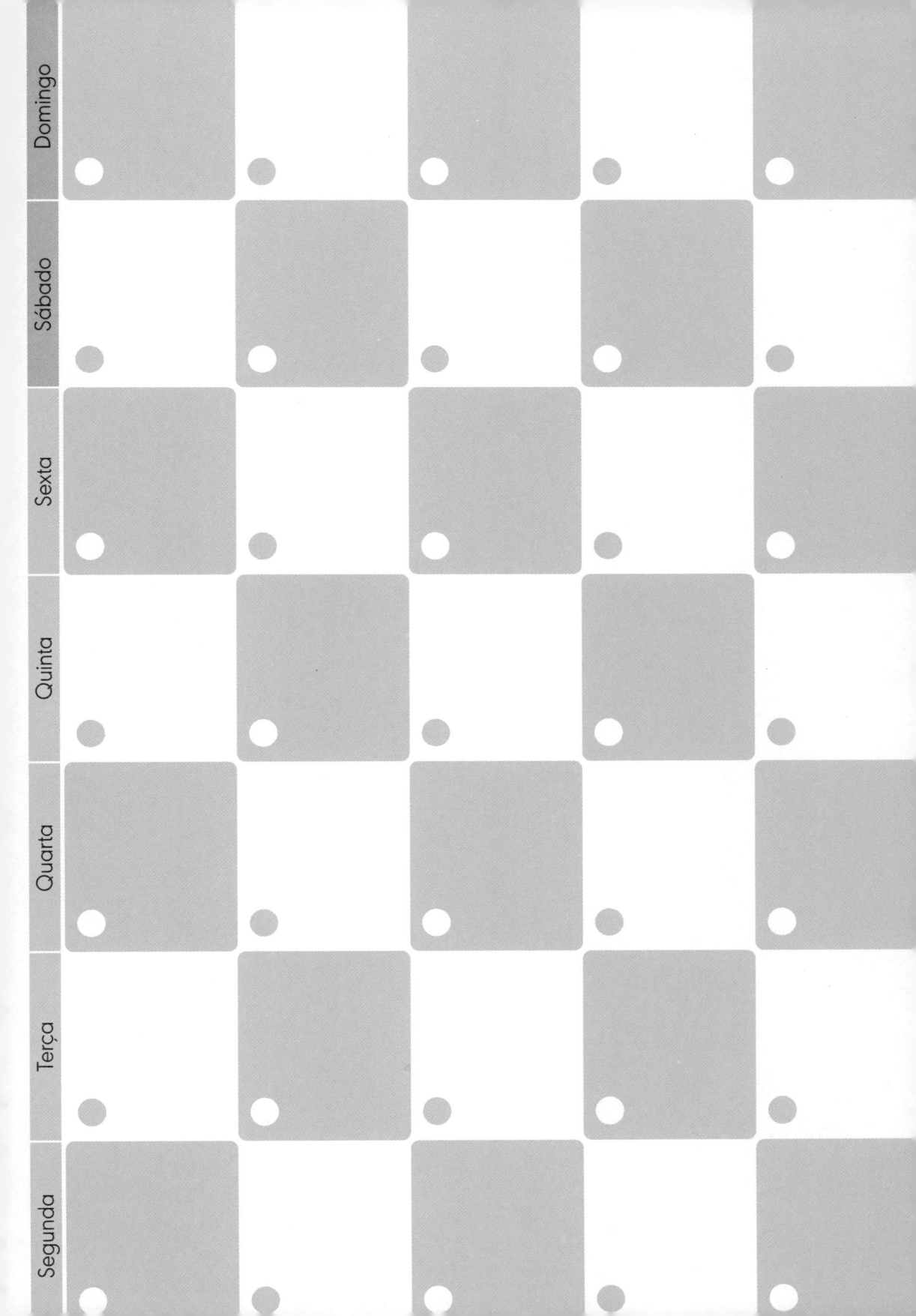

Domingo						
Sábado						
Sexta						
Quinta						
Quarta						
Terça						
Segunda						

Calendário Semanal

IMPORTANTE!

Tarefas

Video da Semana. Leia o QR Code e confira.

Não conte essas 6 coisas a ninguém

☐ *Assisti*
☐ *Curti*
☐ *Compartilhei*

Manhã	Manhã	Manhã
Tarde	Tarde	Tarde
Noite	Noite	Noite
Horas de sono: ___	Horas de sono: ___	Horas de sono: ___

Calendário Semanal

_____	_____	_____	_____
_____	_____	_____	_____
_____	_____	_____	_____

Manhã	Manhã	Manhã	Manhã

Tarde	Tarde	Tarde	Tarde

Noite	Noite	Noite	Noite

Horas de sono:_____ | Horas de sono:_____ | Horas de sono:_____ | Horas de sono:_____

Calendário Semanal

IMPORTANTE!

Tarefas

Video da Semana.
Leia o QR Code
e confira.

Estratégia da tela em branco

☐ Assisti
☐ Curti
☐ Compartilhei

Manhã	Manhã	Manhã
Tarde	Tarde	Tarde
Noite	Noite	Noite
Horas de sono:_____	Horas de sono:_____	Horas de sono:_____

Calendário Semanal

Manhã	Manhã	Manhã	Manhã
Tarde	Tarde	Tarde	Tarde
Noite	Noite	Noite	Noite

Horas de sono:_____   Horas de sono:_____   Horas de sono:_____   Horas de sono:_____

Calendário Semanal

IMPORTANTE!

Tarefas

Video da Semana. Leia o QR Code e confira.

A Bíblia manda sermos pobres?

☐ Assisti
☐ Curti
☐ Compartilhei

_____	_____	_____
_____	_____	_____
_____	_____	_____
Manhã	**Manhã**	**Manhã**
Tarde	**Tarde**	**Tarde**
Noite	**Noite**	**Noite**
Horas de sono: ____	Horas de sono: ____	Horas de sono: ____

Calendário Semanal

_____	_____	_____	_____
_____	_____	_____	_____
_____	_____	_____	_____

Manhã | Manhã | Manhã | Manhã

Tarde | Tarde | Tarde | Tarde

Noite | Noite | Noite | Noite

Horas de sono:_____   Horas de sono:_____   Horas de sono:_____   Horas de sono:_____

Calendário Semanal

IMPORTANTE!

Tarefas

Video da Semana. Leia o QR Code e confira.

3 erros de quem vive endividado

- ☐ Assisti
- ☐ Curti
- ☐ Compartilhei

Manhã	*Manhã*	*Manhã*
Tarde	*Tarde*	*Tarde*
Noite	*Noite*	*Noite*
Horas de sono:_____	Horas de sono:_____	Horas de sono:_____

Calendário Semanal

Manhã	Manhã	Manhã	Manhã
Tarde	Tarde	Tarde	Tarde
Noite	Noite	Noite	Noite

Horas de sono:_____   Horas de sono:_____   Horas de sono:_____   Horas de sono:_____

Calendário Semanal

_____ _____ _____

_____ _____ _____

_____ _____ _____

Manhã	Manhã	Manhã

Tarde	Tarde	Tarde

Noite	Noite	Noite

Horas de sono: _____   Horas de sono: _____   Horas de sono: _____

IMPORTANTE!

Tarefas

Vídeo da Semana. Leia o QR Code e confira.

5 sinais de que você lida mal com seu dinheiro (e como melhorar!)

☐ Assisti
☐ Curti
☐ Compartilhei

PLANEJAMENTO DE DESPESAS

Gastos extras obrigatórios
Tem que pagar, não tem jeito!

Data	Despesa	Valor
____/____	_____	R$ _____
____/____	_____	R$ _____
____/____	_____	R$ _____

Lazer
Divirta-se! Isso faz parte de uma vida saudável, e você merece!

Onde	Com quem	Valor
_____	_____	R$ _____
_____	_____	R$ _____
_____	_____	R$ _____

Livros
Pelo menos um, amiga!

Título/Autor — Valor

_____ R$ _____
_____ R$ _____
_____ R$ _____

Presentes
Quem não ama dar presentes?

Quem	Que dia	Valor
_____	____/____	R$ _____
_____	____/____	R$ _____
_____	____/____	R$ _____

Cartão de Crédito
Cuidado com ele!

Anote aqui quanto você pode gastar no cartão e não ultrapasse o limite.

1. _____ R$ _____
2. _____ R$ _____

Outras coisas...
Porque você tem SONHOS!

O que — Valor

_____ R$ _____
_____ R$ _____
_____ R$ _____

ORÇAMENTO MENSAL

Recebimentos

Dia	Descrição	Valor
_____	_____	R$ _____
_____	_____	R$ _____
_____	_____	R$ _____
_____	_____	R$ _____
_____	_____	R$ _____
_____	_____	R$ _____
_____	_____	R$ _____
_____	_____	R$ _____
_____	_____	R$ _____
_____	_____	R$ _____
_____	_____	R$ _____
_____	_____	R$ _____
_____	_____	R$ _____
_____	_____	R$ _____
_____	_____	R$ _____
_____	_____	R$ _____
_____	_____	R$ _____
_____	_____	R$ _____
_____	_____	R$ _____
_____	_____	R$ _____
_____	_____	R$ _____
_____	_____	R$ _____

Como posso AUMENTAR os meus recebimentos?

ORÇAMENTO MENSAL

Pagamentos

Dia	Descrição	Categoria	Valor
_____	_____	_____	R$ _____
_____	_____	_____	R$ _____
_____	_____	_____	R$ _____
_____	_____	_____	R$ _____
_____	_____	_____	R$ _____
_____	_____	_____	R$ _____
_____	_____	_____	R$ _____
_____	_____	_____	R$ _____
_____	_____	_____	R$ _____
_____	_____	_____	R$ _____
_____	_____	_____	R$ _____
_____	_____	_____	R$ _____
_____	_____	_____	R$ _____
_____	_____	_____	R$ _____
_____	_____	_____	R$ _____
_____	_____	_____	R$ _____
_____	_____	_____	R$ _____
_____	_____	_____	R$ _____
_____	_____	_____	R$ _____
_____	_____	_____	R$ _____
_____	_____	_____	R$ _____
_____	_____	_____	R$ _____
_____	_____	_____	R$ _____
_____	_____	_____	R$ _____
_____	_____	_____	R$ _____
_____	_____	_____	R$ _____
_____	_____	_____	R$ _____

BALANÇO MENSAL

Total de recebimentos	R$	
Total de despesas	R$	
Saldo positivo ☺	R$	
Saldo negativo ☹	R$	

PLANO DE AÇÃO

Anote aqui o que você vai fazer para que o balanço do mês que vem seja melhor.

_____
_____
_____
_____
_____
_____
_____
_____
_____
_____
_____
_____
_____
_____
_____
_____
_____
_____
_____
_____

RESUMO DE DESPESAS POR CATEGORIA

- Casa
- Estudos
- Comunicação
- Saúde
- Transporte
- Alimentação
- Lazer
- Pessoal
- Investimentos

Notas

Categoria(s) em que devo gastar menos: _____

Categoria(s) em que devo investir mais: _____

Devocional do Mês

O dia mau vem para todos

"Por isso, vistam toda a armadura de Deus, para que possam resistir no dia mau e permanecer inabaláveis, depois de terem feito tudo."
Efésios 6:13 (NVI)

Será que Deus não poderia nos livrar de todos os aborrecimentos, tristezas e situações difíceis de lidar? Claro que poderia! Apesar disso, o Eterno é Pai, e como todo bom pai, Ele quer que sejamos fortes e que estejamos prontas para resistir ao que quer que seja.

Um pai superprotetor, que mal deixa o filho sair de casa, que jamais lhe diz não, que resolve todos os seus problemas e evita a todo custo que ele passe por qualquer tipo de privação, está criando que tipo de filho? Irresponsável, mimado, dependente e emocionalmente fraco.

Deus permite passarmos por dias maus para que sejamos pessoas fortes, capazes, resistentes e firmes. Os dias em que tudo dá certo e nos sentimos felizes são realmente muito bons, mas são os dias maus que nos tornam resistentes e inabaláveis.

Seja qual for o seu momento de vida, lembre-se de que tudo passa, tanto os dias bons quanto os maus. O importante é aprendermos a extrair o melhor de cada dia.

Domingo

Sábado

Sexta

Quinta

Quarta

Terça

Segunda

Calendário Semanal

IMPORTANTE!

Tarefas

Video da Semana. Leia o QR Code e confira.

Liberte-se do peso de se sentir sempre atrasado

☐ *Assisti*
☐ *Curti*
☐ *Compartilhei*

Manhã	*Manhã*	*Manhã*
Tarde	*Tarde*	*Tarde*
Noite	*Noite*	*Noite*
Horas de sono:_____	Horas de sono:_____	Horas de sono:_____

Calendário Semanal

_____	_____	_____	_____
_____	_____	_____	_____
_____	_____	_____	_____

Manhã | Manhã | Manhã | Manhã

Tarde | Tarde | Tarde | Tarde

Noite | Noite | Noite | Noite

Horas de sono:_____ Horas de sono:_____ Horas de sono:_____ Horas de sono:_____

Calendário Semanal

IMPORTANTE!

_____
_____
_____

Tarefas

Video da Semana. Leia o QR Code e confira.

7 coisas que a escola não ensina, mas que devemos aprender!

☐ Assisti
☐ Curti
☐ Compartilhei

Manhã	Manhã	Manhã
🥛 🥛 🥛 🥛	🥛 🥛 🥛 🥛	🥛 🥛 🥛 🥛
Tarde	**Tarde**	**Tarde**
🥛 🥛 🥛	🥛 🥛 🥛	🥛 🥛 🥛
Noite	**Noite**	**Noite**
🥛	🥛	🥛
Horas de sono:_____	Horas de sono:_____	Horas de sono:_____

Calendário Semanal

Manhã | Manhã | Manhã | Manhã

Tarde | Tarde | Tarde | Tarde

Noite | Noite | Noite | Noite

Horas de sono: _____ | Horas de sono: _____ | Horas de sono: _____ | Horas de sono: _____

Calendário Semanal

IMPORTANTE!

Tarefas

Video da Semana. Leia o QR Code e confira.

O que a Bíblia diz sobre organização?

☐ Assisti
☐ Curti
☐ Compartilhei

_____	_____	_____
_____	_____	_____
_____	_____	_____
Manhã	**Manhã**	**Manhã**
Tarde	**Tarde**	**Tarde**
Noite	**Noite**	**Noite**

Horas de sono:_____   Horas de sono:_____   Horas de sono:_____

Calendário Semanal

_____	_____	_____	_____
_____	_____	_____	_____
_____	_____	_____	_____

Manhã	*Manhã*	*Manhã*	*Manhã*

Tarde	*Tarde*	*Tarde*	*Tarde*

Noite	*Noite*	*Noite*	*Noite*

Horas de sono:_____ | Horas de sono:_____ | Horas de sono:_____ | Horas de sono:_____

Calendário Semanal

IMPORTANTE!

Tarefas

Vídeo da Semana. Leia o QR Code e confira.

3 sinais de que sua vida financeira está estagnada

☐ *Assisti*
☐ *Curti*
☐ *Compartilhei*

_____	_____	_____
_____	_____	_____
_____	_____	_____
Manhã	**Manhã**	**Manhã**
Tarde	**Tarde**	**Tarde**
Noite	**Noite**	**Noite**
Horas de sono:_____	Horas de sono:_____	Horas de sono:_____

Calendário Semanal

_____	_____	_____	_____
_____	_____	_____	_____
_____	_____	_____	_____

Manhã	Manhã	Manhã	Manhã

Tarde	Tarde	Tarde	Tarde

Noite	Noite	Noite	Noite

Horas de sono: _____   Horas de sono: _____   Horas de sono: _____   Horas de sono: _____

Calendário Semanal

Manhã	Manhã	Manhã

Tarde	Tarde	Tarde

Noite	Noite	Noite

Horas de sono: ____ Horas de sono: ____ Horas de sono: ____

IMPORTANTE!

Tarefas

Video da Semana. Leia o QR Code e confira.

Por que as pessoas caem em golpes?

☐ Assisti
☐ Curti
☐ Compartilhei

PLANEJAMENTO DE DESPESAS

Gastos extras obrigatórios
Tem que pagar, não tem jeito!

Data   Despesa   Valor

____/____   _____   R$ _____

____/____   _____   R$ _____

____/____   _____   R$ _____

Lazer
Divirta-se! Isso faz parte de uma vida saudável, e você merece!

Onde   Com quem   Valor

_____   R$ _____

_____   R$ _____

_____   R$ _____

Livros
Pelo menos um, amiga!

Título/Autor   Valor

_____   R$ _____

_____   R$ _____

_____   R$ _____

Presentes
Quem não ama dar presentes?

Quem   Que dia   Valor

_____ ____/____   R$ _____

_____ ____/____   R$ _____

_____ ____/____   R$ _____

Cartão de Crédito
Cuidado com ele!

Anote aqui quanto você pode gastar no cartão e não ultrapasse o limite.

Valor

1. _____   R$ _____

2. _____   R$ _____

Outras coisas...
Porque você tem SONHOS!

O que   Valor

_____   R$ _____

_____   R$ _____

_____   R$ _____

ORÇAMENTO MENSAL

Recebimentos

Dia	Descrição	Valor
_____	_____	R$ _____
_____	_____	R$ _____
_____	_____	R$ _____
_____	_____	R$ _____
_____	_____	R$ _____
_____	_____	R$ _____
_____	_____	R$ _____
_____	_____	R$ _____
_____	_____	R$ _____
_____	_____	R$ _____
_____	_____	R$ _____
_____	_____	R$ _____
_____	_____	R$ _____
_____	_____	R$ _____
_____	_____	R$ _____
_____	_____	R$ _____
_____	_____	R$ _____
_____	_____	R$ _____
_____	_____	R$ _____
_____	_____	R$ _____
_____	_____	R$ _____
_____	_____	R$ _____

Como posso AUMENTAR os meus recebimentos?

ORÇAMENTO MENSAL

Pagamentos

Dia	Descrição	Categoria	Valor
_____	_____	_____	R$ _____
_____	_____	_____	R$ _____
_____	_____	_____	R$ _____
_____	_____	_____	R$ _____
_____	_____	_____	R$ _____
_____	_____	_____	R$ _____
_____	_____	_____	R$ _____
_____	_____	_____	R$ _____
_____	_____	_____	R$ _____
_____	_____	_____	R$ _____
_____	_____	_____	R$ _____
_____	_____	_____	R$ _____
_____	_____	_____	R$ _____
_____	_____	_____	R$ _____
_____	_____	_____	R$ _____
_____	_____	_____	R$ _____
_____	_____	_____	R$ _____
_____	_____	_____	R$ _____
_____	_____	_____	R$ _____
_____	_____	_____	R$ _____
_____	_____	_____	R$ _____
_____	_____	_____	R$ _____
_____	_____	_____	R$ _____
_____	_____	_____	R$ _____
_____	_____	_____	R$ _____
_____	_____	_____	R$ _____
_____	_____	_____	R$ _____
_____	_____	_____	R$ _____
_____	_____	_____	R$ _____

BALANÇO MENSAL

Total de recebimentos	R$	
Total de despesas	R$	
Saldo positivo ☺	R$	
Saldo negativo ☹	R$	

PLANO DE AÇÃO

Anote aqui o que você vai fazer para que o balanço do mês que vem seja melhor.

_____
_____
_____
_____
_____
_____
_____
_____
_____
_____
_____
_____
_____
_____
_____
_____
_____
_____
_____

RESUMO DE DESPESAS POR CATEGORIA

- Casa
- Estudos
- Comunicação
- Saúde
- Transporte
- Alimentação
- Lazer
- Pessoal
- Investimentos

Notas

Categoria(s) em que devo gastar menos: _____
Categoria(s) em que devo investir mais: _____

Devocional do Mês

A bênção das mãos trocadas

"Israel, porém, estendeu a mão direita e a pôs sobre a cabeça de Efraim, embora este fosse o mais novo e, cruzando os braços, pôs a mão esquerda sobre a cabeça de Manassés, embora Manassés fosse o filho mais velho."
Gênesis 48:14 (NVI)

Manassés e Efraim eram os filhos de José, filho de Israel. Nessa passagem, José leva seus filhos para que seu pai os abençoe e os posiciona para que Israel coloque sua mão direita sobre a cabeça do mais velho, Manassés, e a esquerda sobre a cabeça do mais novo, Efraim. Por tradição, a maior bênção era para o mais velho, porém, Israel cruzou as mãos, colocando a direita sobre o mais novo, dando a maior bênção a Efraim. Mas por quê?

Manassés significa esquecimento, perdão, e José lhe deu esse nome, pois queria esquecer todo sofrimento que viveu no Egito. Efraim significa fertilidade, bênção, pois quando o segundo filho nasceu, José já era o homem mais importante abaixo de faraó.

O que aprendemos com o cruzamento das mãos de Israel é que: fertilidade e bênçãos sempre serão maiores do que os sofrimentos. Quando superamos as adversidades, assim como José, e esquecemos todo mal que nos fizeram, nos tornamos terra fértil, e as bênçãos que virão serão sempre maiores do que as dificuldades que passamos. Essa é a nossa fé!

Segunda	Terça	Quarta	Quinta	Sexta	Sábado	Domingo

Calendário Semanal

IMPORTANTE!

_____ _____ _____
_____ _____ _____

Manhã	Manhã	Manhã
🥛 🥛 🥛 🥛	🥛 🥛 🥛 🥛	🥛 🥛 🥛 🥛

Tarefas

Tarde	Tarde	Tarde
🥛 🥛 🥛	🥛 🥛 🥛	🥛 🥛 🥛

Vídeo da Semana.
Leia o QR Code
e confira.

Aumente sua confiança financeira

☐ *Assisti*
☐ *Curti*
☐ *Compartilhei*

Noite	Noite	Noite
🥛	🥛	🥛

Horas de sono:_____   Horas de sono:_____   Horas de sono:_____

Calendário Semanal

Manhã	Manhã	Manhã	Manhã
Tarde	Tarde	Tarde	Tarde
Noite	Noite	Noite	Noite

Horas de sono:_____   Horas de sono:_____   Horas de sono:_____   Horas de sono:_____

Calendário Semanal

IMPORTANTE!

Tarefas

Video da Semana. Leia o QR Code e confira.

Não siga o seu sonho!

☐ Assisti
☐ Curti
☐ Compartilhei

Manhã	Manhã	Manhã
Tarde	Tarde	Tarde
Noite	Noite	Noite
Horas de sono:___	Horas de sono:___	Horas de sono:___

Calendário Semanal

_____	_____	_____	_____
_____	_____	_____	_____
_____	_____	_____	_____

Manhã | Manhã | Manhã | Manhã

Tarde | Tarde | Tarde | Tarde

Noite | Noite | Noite | Noite

Horas de sono:_____   Horas de sono:_____   Horas de sono:_____   Horas de sono:_____

Calendário Semanal

IMPORTANTE!

_____   _____   _____
_____   _____   _____
_____   _____   _____

Manhã	Manhã	Manhã

Tarefas

Tarde	Tarde	Tarde

Video da Semana. Leia o QR Code e confira.

5 coisas que os ricos fazem

Noite	Noite	Noite

☐ Assisti
☐ Curti
☐ Compartilhei

Horas de sono:_____   Horas de sono:_____   Horas de sono:_____

Calendário Semanal

_____	_____	_____	_____
_____	_____	_____	_____
_____	_____	_____	_____

Manhã	Manhã	Manhã	Manhã

Tarde	Tarde	Tarde	Tarde

Noite	Noite	Noite	Noite

Horas de sono：_____   Horas de sono：_____   Horas de sono：_____   Horas de sono：_____

Calendário Semanal

IMPORTANTE!

Tarefas

*Video da Semana.
Leia o QR Code
e confira.*

Financiamento de veículo: como funciona

☐ *Assisti*
☐ *Curti*
☐ *Compartilhei*

_____   _____   _____
_____   _____   _____
_____   _____   _____

Manhã	*Manhã*	*Manhã*
🥛🥛🥛🥛	🥛🥛🥛🥛	🥛🥛🥛🥛

Tarde	*Tarde*	*Tarde*
🥛🥛🥛	🥛🥛🥛	🥛🥛🥛

Noite	*Noite*	*Noite*
🥛	🥛	🥛

Horas de sono:_____   Horas de sono:_____   Horas de sono:_____

Calendário Semanal

	Manhã	Manhã	Manhã	Manhã
	Tarde	Tarde	Tarde	Tarde
	Noite	Noite	Noite	Noite

Horas de sono:_____   Horas de sono:_____   Horas de sono:_____   Horas de sono:_____

Calendário Semanal

IMPORTANTE!

Manhã	Manhã	Manhã

Tarde	Tarde	Tarde

Noite	Noite	Noite

Horas de sono:_____   Horas de sono:_____   Horas de sono:_____

Tarefas

Video da Semana. Leia o QR Code e confira.

O que ricos fazem e pobres não?

- ☐ *Assisti*
- ☐ *Curti*
- ☐ *Compartilhei*

PLANEJAMENTO DE DESPESAS

Gastos extras obrigatórios
Tem que pagar, não tem jeito!

Data   Despesa   Valor

____/____ _____ R$ _____
____/____ _____ R$ _____
____/____ _____ R$ _____

Lazer
Divirta-se! Isso faz parte de uma vida saudável, e você merece!

Onde   Com quem   Valor

_____ R$ _____
_____ R$ _____
_____ R$ _____

Livros
Pelo menos um, amiga!

Título/Autor   Valor

_____ R$ _____
_____ R$ _____
_____ R$ _____

Presentes
Quem não ama dar presentes?

Quem   Que dia   Valor

_____ ____/____ R$ _____
_____ ____/____ R$ _____
_____ ____/____ R$ _____

Cartão de Crédito
Cuidado com ele!

Anote aqui quanto você pode gastar no cartão e não ultrapasse o limite.   Valor

1._____ R$ _____
2._____ R$ _____

Outras coisas...
Porque você tem SONHOS!

O que   Valor

_____ R$ _____
_____ R$ _____
_____ R$ _____

ORÇAMENTO MENSAL

Recebimentos

Dia	Descrição	Valor
_____	_____	R$ _____
_____	_____	R$ _____
_____	_____	R$ _____
_____	_____	R$ _____
_____	_____	R$ _____
_____	_____	R$ _____
_____	_____	R$ _____
_____	_____	R$ _____
_____	_____	R$ _____
_____	_____	R$ _____
_____	_____	R$ _____
_____	_____	R$ _____
_____	_____	R$ _____
_____	_____	R$ _____
_____	_____	R$ _____
_____	_____	R$ _____
_____	_____	R$ _____
_____	_____	R$ _____
_____	_____	R$ _____
_____	_____	R$ _____
_____	_____	R$ _____
_____	_____	R$ _____

Como posso AUMENTAR os meus recebimentos?

ORÇAMENTO MENSAL

Pagamentos

Dia	Descrição	Categoria	Valor
			R$
			R$
			R$
			R$
			R$
			R$
			R$
			R$
			R$
			R$
			R$
			R$
			R$
			R$
			R$
			R$
			R$
			R$
			R$
			R$
			R$
			R$
			R$
			R$
			R$
			R$
			R$
			R$
			R$
			R$

BALANÇO MENSAL

Total de recebimentos	R$	
Total de despesas	R$	
Saldo positivo ☺	R$	
Saldo negativo ☹	R$	

PLANO DE AÇÃO

Anote aqui o que você vai fazer para que o balanço do mês que vem seja melhor.

_____
_____
_____
_____
_____
_____
_____
_____
_____
_____
_____
_____
_____
_____
_____
_____
_____
_____
_____
_____

RESUMO DE DESPESAS POR CATEGORIA

- Casa
- Estudos
- Comunicação
- Saúde
- Transporte
- Alimentação
- Lazer
- Pessoal
- Investimentos

Notas

Categoria(s) em que devo gastar menos: _____
Categoria(s) em que devo investir mais: _____

Devocional do Mês

A fé e a dúvida

"Ora, a fé é a certeza daquilo que esperamos e a prova das coisas que não vemos."
Hebreus 11:1 (NVI)

"O diabo lhe disse: Se você é o Filho de Deus, mande a esta pedra que se transforme em pão."
Lucas 4:3 (NVI)

Enquanto a carta aos hebreus define a fé como certeza, a passagem da tentação de Jesus mostra que o diabo trabalha com a dúvida. Por um lado, a fé traz firmeza sobre o que não se vê, por outro, a dúvida traz incerteza até sobre o que se vê!

Apenas uma palavra de fé é suficiente para nos dar a certeza de que precisamos, porém, a dúvida nunca vem sozinha: todo pensamento de dúvida vem acompanhado de uma péssima sugestão.

O diabo tentou lançar dúvida sobre o Senhor Jesus, colocando em questão o fato de Ele ser Filho de Deus (que ousadia!). E logo em seguida sugeriu uma solução "fácil" para que Jesus acabasse com sua fome depois de quarenta dias sem comer.

Este é o trabalho do diabo: usar nossos momentos de fraqueza para nos fazer duvidar da nossa fé e crer que as ideias que ele sugere resolverão "magicamente" tudo. É preciso estarmos alertas, vigiando e orando, pois se o diabo tentou Jesus, imagine nós!

Domingo

Sábado

Sexta

Quinta

Quarta

Terça

Segunda

Calendário Semanal

IMPORTANTE!

Tarefas

Video da Semana.
Leia o QR Code e confira.

Três tipos de pessoas que nunca terão dinheiro

- ☐ Assisti
- ☐ Curti
- ☐ Compartilhei

_____	_____	_____
_____	_____	_____
_____	_____	_____
Manhã	**Manhã**	**Manhã**
Tarde	**Tarde**	**Tarde**
Noite	**Noite**	**Noite**
Horas de sono:_____	Horas de sono:_____	Horas de sono:_____

Calendário Semanal

Manhã	*Manhã*	*Manhã*	*Manhã*
Tarde	*Tarde*	*Tarde*	*Tarde*
Noite	*Noite*	*Noite*	*Noite*

Horas de sono:_____   Horas de sono:_____   Horas de sono:_____   Horas de sono:_____

Calendário Semanal

IMPORTANTE!

Tarefas

Video da Semana. Leia o QR Code e confira.

6 atrasos de vida – Livre-se deles hoje!

☐ Assisti
☐ Curti
☐ Compartilhei

Manhã	Manhã	Manhã
Tarde	Tarde	Tarde
Noite	Noite	Noite
Horas de sono: _____	Horas de sono: _____	Horas de sono: _____

Calendário Semanal

	Manhã	Manhã	Manhã	Manhã

| Tarde | Tarde | Tarde | Tarde |

| Noite | Noite | Noite | Noite |

Horas de sono:_____   Horas de sono:_____   Horas de sono:_____   Horas de sono:_____

Calendário Semanal

IMPORTANTE!

Tarefas

Video da Semana.
Leia o QR Code e confira.

O que a sua imagem diz sobre você?

☐ *Assisti*
☐ *Curti*
☐ *Compartilhei*

Manhã	Manhã	Manhã
Tarde	Tarde	Tarde
Noite	Noite	Noite
Horas de sono:_____	Horas de sono:_____	Horas de sono:_____

Calendário Semanal

Manhã	Manhã	Manhã	Manhã
Tarde	Tarde	Tarde	Tarde
Noite	Noite	Noite	Noite
Horas de sono:_____	Horas de sono:_____	Horas de sono:_____	Horas de sono:_____

Calendário Semanal

IMPORTANTE!

Tarefas

Video da Semana.
Leia o QR Code e confira.

O que a Bíblia diz sobre conquistas

☐ Assisti
☐ Curti
☐ Compartilhei

_____	_____	_____
_____	_____	_____
_____	_____	_____
Manhã	**Manhã**	**Manhã**
Tarde	**Tarde**	**Tarde**
Noite	**Noite**	**Noite**
Horas de sono:_____	Horas de sono:_____	Horas de sono:_____

Calendário Semanal

_____	_____	_____	_____
_____	_____	_____	_____
_____	_____	_____	_____

Manhã | Manhã | Manhã | Manhã

Tarde | Tarde | Tarde | Tarde

Noite | Noite | Noite | Noite

Horas de sono: _____ | Horas de sono: _____ | Horas de sono: _____ | Horas de sono: _____

Calendário Semanal

_____	_____	_____
_____	_____	_____
_____	_____	_____

Manhã | Manhã | Manhã

Tarde | Tarde | Tarde

Noite | Noite | Noite

Horas de sono: _____   Horas de sono: _____   Horas de sono: _____

IMPORTANTE!

Tarefas

Video da Semana. Leia o QR Code e confira.

7 dicas para economizar dinheiro

☐ *Assisti*
☐ *Curti*
☐ *Compartilhei*

PLANEJAMENTO DE DESPESAS

Gastos extras obrigatórios
Tem que pagar, não tem jeito!

Data	Despesa	Valor
____/____	_____	R$ _____
____/____	_____	R$ _____
____/____	_____	R$ _____

Lazer
Divirta-se! Isso faz parte de uma vida saudável, e você merece!

Onde	Com quem	Valor
_____	_____	R$ _____
_____	_____	R$ _____
_____	_____	R$ _____

Livros
Pelo menos um, amiga!

Título/Autor	Valor
_____	R$ _____
_____	R$ _____
_____	R$ _____

Presentes
Quem não ama dar presentes?

Quem	Que dia	Valor
_____	____/____	R$ _____
_____	____/____	R$ _____
_____	____/____	R$ _____

Cartão de Crédito
Cuidado com ele!

Anote aqui quanto você pode gastar no cartão e não ultrapasse o limite.

	Valor
1. _____	R$ _____
2. _____	R$ _____

Outras coisas...
Porque você tem SONHOS!

O que	Valor
_____	R$ _____
_____	R$ _____
_____	R$ _____

ORÇAMENTO MENSAL

Recebimentos

Dia	Descrição	Valor
___	_____	R$ _____
___	_____	R$ _____
___	_____	R$ _____
___	_____	R$ _____
___	_____	R$ _____
___	_____	R$ _____
___	_____	R$ _____
___	_____	R$ _____
___	_____	R$ _____
___	_____	R$ _____
___	_____	R$ _____
___	_____	R$ _____
___	_____	R$ _____
___	_____	R$ _____
___	_____	R$ _____
___	_____	R$ _____
___	_____	R$ _____
___	_____	R$ _____
___	_____	R$ _____
___	_____	R$ _____
___	_____	R$ _____
___	_____	R$ _____
___	_____	R$ _____

Como posso AUMENTAR os meus recebimentos?

ORÇAMENTO MENSAL

Pagamentos

Dia	Descrição	Categoria	Valor
			R$
			R$
			R$
			R$
			R$
			R$
			R$
			R$
			R$
			R$
			R$
			R$
			R$
			R$
			R$
			R$
			R$
			R$
			R$
			R$
			R$
			R$
			R$
			R$
			R$
			R$
			R$
			R$
			R$
			R$
			R$

BALANÇO MENSAL

Total de recebimentos	R$	
Total de despesas	R$	
Saldo positivo ☺	R$	
Saldo negativo ☹	R$	

PLANO DE AÇÃO

Anote aqui o que você vai fazer para que o balanço do mês que vem seja melhor.

_____
_____
_____
_____
_____
_____
_____
_____
_____
_____
_____
_____
_____
_____
_____
_____
_____

RESUMO DE DESPESAS POR CATEGORIA

- Casa
- Estudos
- Comunicação
- Saúde
- Transporte
- Alimentação
- Lazer
- Pessoal
- Investimentos

Notas

Categoria(s) em que devo gastar menos: _____

Categoria(s) em que devo investir mais: _____

Devocional do Mês

O justo e o ímpio

"Porque sete vezes cairá o justo, e se levantará; mas os ímpios tropeçarão no mal."
Provérbios 24:1 (ACF)

Sim, os justos também caem. E não apenas uma vez, mas várias. Na Bíblia não há passagens romanceando a vida real nem prometendo que quem confia em Deus jamais passará por dificuldades. Muito pelo contrário!

Se há uma coisa muito presente na história de todos os justos são as lutas, as perseguições, as dificuldades e até mesmo as quedas. Quando o assunto é cair, não há diferença entre o justo e o perverso. Porém, há uma enorme diferença quanto ao tipo de queda e à forma que cada um vai reagir.

O justo vai se levantar todas vezes que cair, mas o ímpio nem precisa cair para encontrar o mal, basta apenas um tropeção.

Se você está passando pelas consequências de uma das várias quedas que a vida apresenta, continue confiando, pois é certo que você vai se levantar e, como bônus, ainda vai fortalecer a sua fé!

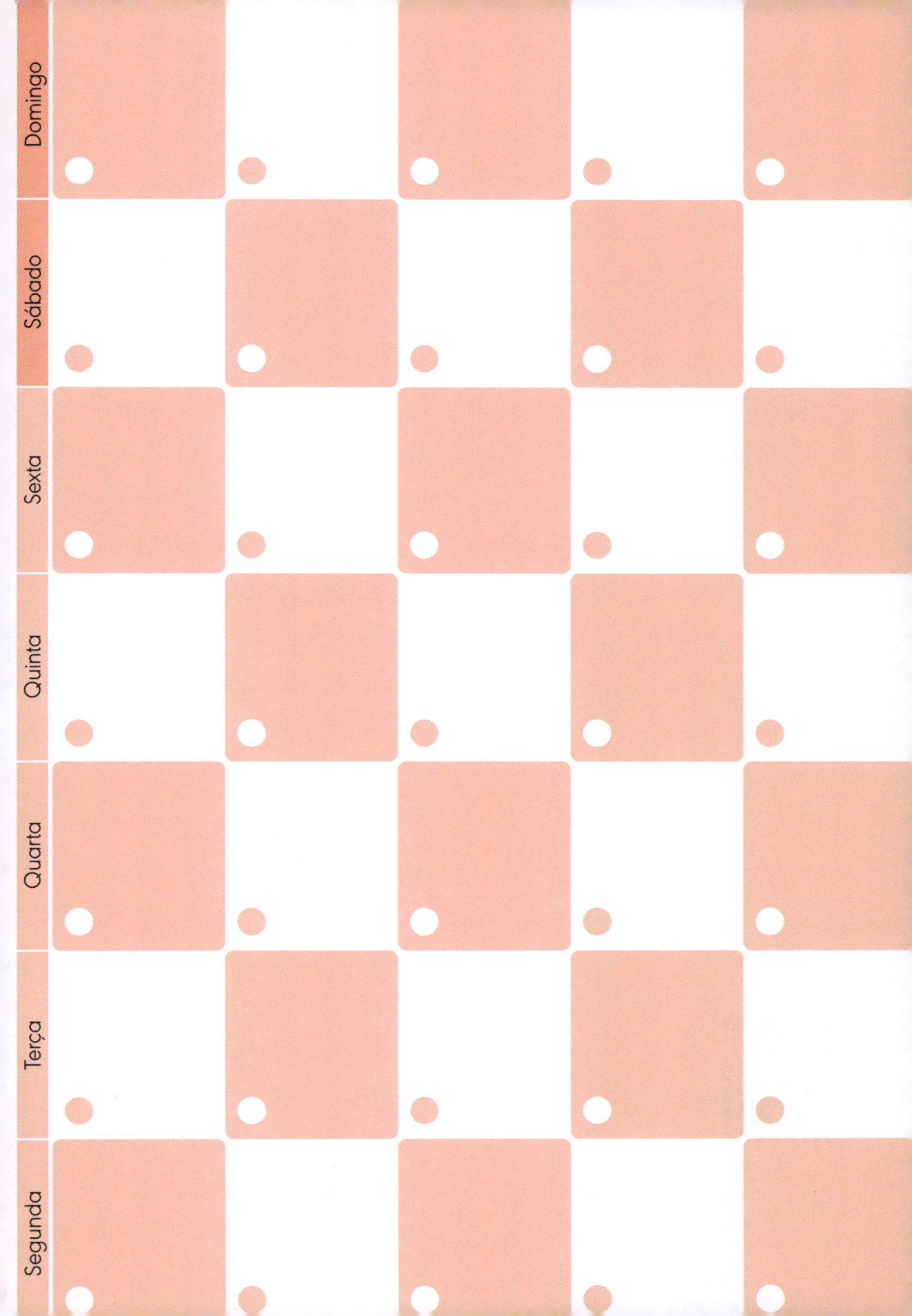

| Domingo | Sábado | Sexta | Quinta | Quarta | Terça | Segunda |

Calendário Semanal

IMPORTANTE!

Tarefas

Video da Semana. Leia o QR Code e confira.

9 coisas para tirar da sua casa

- ☐ Assisti
- ☐ Curti
- ☐ Compartilhei

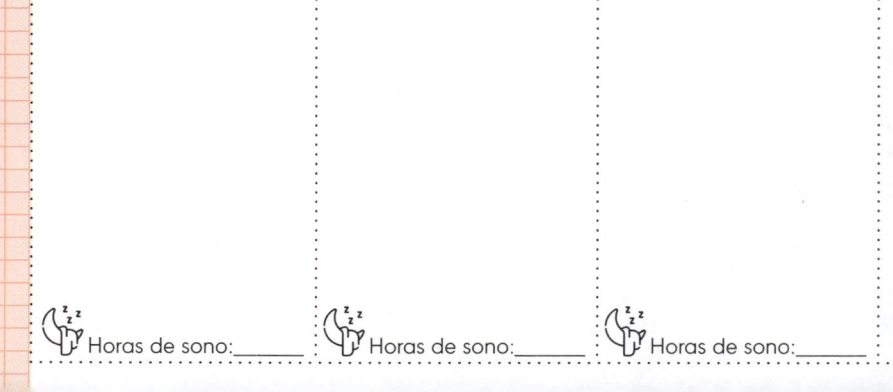

Manhã	*Manhã*	*Manhã*
Tarde	*Tarde*	*Tarde*
Noite	*Noite*	*Noite*
Horas de sono:_____	Horas de sono:_____	Horas de sono:_____

Calendário Semanal

	Manhã	Manhã	Manhã	Manhã
	Tarde	Tarde	Tarde	Tarde
	Noite	Noite	Noite	Noite

Horas de sono: _____   Horas de sono: _____   Horas de sono: _____   Horas de sono: _____

Calendário Semanal

IMPORTANTE!

Tarefas

Video da Semana.
Leia o QR Code
e confira.

Seu sucesso depende do silêncio

☐ Assisti
☐ Curti
☐ Compartilhei

	Manhã	Manhã	Manhã
	Tarde	Tarde	Tarde
	Noite	Noite	Noite

Horas de sono:_____   Horas de sono:_____   Horas de sono:_____

Calendário Semanal

_____	_____	_____	_____
_____	_____	_____	_____
_____	_____	_____	_____

Manhã	*Manhã*	*Manhã*	*Manhã*

Tarde	*Tarde*	*Tarde*	*Tarde*

Noite	*Noite*	*Noite*	*Noite*

Horas de sono:_____   Horas de sono:_____   Horas de sono:_____   Horas de sono:_____

Calendário Semanal

IMPORTANTE!

Tarefas

Video da Semana.
Leia o QR Code e confira.

Fofoca: 3 dicas para reagir quando falam mal de você

☐ Assisti
☐ Curti
☐ Compartilhei

_____	_____	_____
_____	_____	_____
_____	_____	_____
Manhã	**Manhã**	**Manhã**
Tarde	**Tarde**	**Tarde**
Noite	**Noite**	**Noite**
Horas de sono:_____	Horas de sono:_____	Horas de sono:_____

Calendário Semanal

_____	_____	_____	_____
_____	_____	_____	_____
_____	_____	_____	_____

Manhã	Manhã	Manhã	Manhã

Tarde	Tarde	Tarde	Tarde

Noite	Noite	Noite	Noite

Horas de sono:_____   Horas de sono:_____   Horas de sono:_____   Horas de sono:_____

Calendário Semanal

IMPORTANTE!

_____	_____	_____
_____	_____	_____
_____	_____	_____

Manhã	Manhã	Manhã
☐ ☐ ☐ ☐	☐ ☐ ☐ ☐	☐ ☐ ☐ ☐

Tarde	Tarde	Tarde
☐ ☐ ☐	☐ ☐ ☐	☐ ☐ ☐

Noite	Noite	Noite
☐	☐	☐

Horas de sono: _____   Horas de sono: _____   Horas de sono: _____

Tarefas

Video da Semana. Leia o QR Code e confira.

7 lições sobre dinheiro que você precisa saber

☐ Assisti
☐ Curti
☐ Compartilhei

Calendário Semanal

_____	_____	_____	_____
_____	_____	_____	_____
_____	_____	_____	_____
Manhã	**Manhã**	**Manhã**	**Manhã**
🥛🥛🥛🥛	🥛🥛🥛🥛	🥛🥛🥛🥛	🥛🥛🥛🥛
Tarde	**Tarde**	**Tarde**	**Tarde**
🥛🥛🥛	🥛🥛🥛	🥛🥛🥛	🥛🥛🥛
Noite	**Noite**	**Noite**	**Noite**
🥛	🥛	🥛	🥛
Horas de sono:_____	Horas de sono:_____	Horas de sono:_____	Horas de sono:_____

Calendário Semanal

IMPORTANTE!

Manhã	Manhã	Manhã

Tarde	Tarde	Tarde

Noite	Noite	Noite

Horas de sono:_____   Horas de sono:_____   Horas de sono:_____

Tarefas

**Video da Semana.
Leia o QR Code
e confira.**

5 dicas para manter
a casa organizada

☐ Assisti
☐ Curti
☐ Compartilhei

PLANEJAMENTO DE DESPESAS

Gastos extras obrigatórios
Tem que pagar, não tem jeito!

Data   Despesa   Valor
____/____ _____ R$ _____
____/____ _____ R$ _____
____/____ _____ R$ _____

Lazer
Divirta-se! Isso faz parte de uma vida saudável, e você merece!

Onde   Com quem   Valor
_____ R$ _____
_____ R$ _____
_____ R$ _____

Livros
Pelo menos um, amiga!

Título/Autor   Valor
_____ R$ _____
_____ R$ _____
_____ R$ _____

Presentes
Quem não ama dar presentes?

Quem   Que dia   Valor
_____ ____/____ R$ _____
_____ ____/____ R$ _____
_____ ____/____ R$ _____

Cartão de Crédito
Cuidado com ele!

Anote aqui quanto você pode gastar
no cartão e não ultrapasse o limite.   Valor
1. _____ R$ _____
2. _____ R$ _____

Outras coisas...
Porque você tem SONHOS!

O que   Valor
_____ R$ _____
_____ R$ _____
_____ R$ _____

ORÇAMENTO MENSAL

Recebimentos

Dia	Descrição	Valor
_____	_____	R$ _____
_____	_____	R$ _____
_____	_____	R$ _____
_____	_____	R$ _____
_____	_____	R$ _____
_____	_____	R$ _____
_____	_____	R$ _____
_____	_____	R$ _____
_____	_____	R$ _____
_____	_____	R$ _____
_____	_____	R$ _____
_____	_____	R$ _____
_____	_____	R$ _____
_____	_____	R$ _____
_____	_____	R$ _____
_____	_____	R$ _____
_____	_____	R$ _____
_____	_____	R$ _____
_____	_____	R$ _____
_____	_____	R$ _____
_____	_____	R$ _____

Como posso AUMENTAR os meus recebimentos?

ORÇAMENTO MENSAL

Pagamentos

Dia	Descrição	Categoria	Valor
			R$
			R$
			R$
			R$
			R$
			R$
			R$
			R$
			R$
			R$
			R$
			R$
			R$
			R$
			R$
			R$
			R$
			R$
			R$
			R$
			R$
			R$
			R$
			R$
			R$
			R$
			R$
			R$

BALANÇO MENSAL

Total de recebimentos	R$	
Total de despesas	R$	
Saldo positivo ☺	R$	
Saldo negativo ☹	R$	

PLANO DE AÇÃO

Anote aqui o que você vai fazer para que o balanço do mês que vem seja melhor.

_____
_____
_____
_____
_____
_____
_____
_____
_____
_____
_____
_____
_____
_____
_____
_____
_____
_____
_____
_____
_____

RESUMO DE DESPESAS POR CATEGORIA

Casa
Estudos
Comunicação
Saúde
Transporte
Alimentação
Lazer
Pessoal
Investimentos

Notas

Categoria(s) em que devo gastar menos: _____
Categoria(s) em que devo investir mais: _____

Devocional do Mês

Como se livrar da inveja e das comparações

"Não te desgastes por causa dos homens maus, nem tenhas inveja dos perversos."
Provérbios 24:19 (BKJ)

Esse provérbio nos aconselha com respeito a uma ação e a um sentimento que todos temos, mas quase ninguém assume. Quanto à ação, não devemos nos desgastar, ou seja, nos consumir pela forma que os maus vivem. Quanto à emoção, não devemos permitir que a inveja tome conta do nosso coração, principalmente pelas coisas que os maus possuem.

É certo que há pessoas que vivem uma vida longe de Deus, mas aparentemente têm menos problemas do que nós. Porém, não é com a vida deles que devemos nos preocupar. Ao contrário, devemos orar para que encontrem o Caminho. E quando sentirmos inveja (sim, "quando" e não "se"), devemos orar por nós mesmas!

A inveja é inerente ao ser humano e é virtualmente impossível não senti-la nem que seja por alguns instantes. Mas, sempre que estamos diante de algo impossível para nós, é porque chegou a hora de Deus agir. Se você confessar para o Eterno a sua incapacidade de lidar com isso, certamente Ele não a deixará sem resposta.

Domingo

Sábado

Sexta

Quinta

Quarta

Terça

Segunda

Calendário Semanal

IMPORTANTE!

_____	_____	_____
_____	_____	_____
_____	_____	_____

Manhã | Manhã | Manhã

Tarefas

Tarde | Tarde | Tarde

**Video da Semana.
Leia o QR Code
e confira.**

Não faça essas 5 coisas se quer crescer!

☐ *Assisti*
☐ *Curti*
☐ *Compartilhei*

Noite | Noite | Noite

Horas de sono:_____   Horas de sono:_____   Horas de sono:_____

Calendário Semanal

_____	_____	_____	_____
_____	_____	_____	_____
_____	_____	_____	_____

Manhã | Manhã | Manhã | Manhã

Tarde | Tarde | Tarde | Tarde

Noite | Noite | Noite | Noite

Horas de sono:_____   Horas de sono:_____   Horas de sono:_____   Horas de sono:_____

Calendário Semanal

IMPORTANTE!

_____ _____ _____
_____ _____ _____
_____ _____ _____

Manhã	Manhã	Manhã

Tarefas

Tarde	Tarde	Tarde

*Video da Semana.
Leia o QR Code
e confira.*

Noite	Noite	Noite

Como eu me organizo!

☐ Assisti
☐ Curti
☐ Compartilhei

Horas de sono:_____   Horas de sono:_____   Horas de sono:_____

Calendário Semanal

Manhã	Manhã	Manhã	Manhã
Tarde	Tarde	Tarde	Tarde
Noite	Noite	Noite	Noite

Horas de sono:_____   Horas de sono:_____   Horas de sono:_____   Horas de sono:_____

Calendário Semanal

IMPORTANTE!

Tarefas

Video da Semana.
Leia o QR Code e confira.

O que empobrece segundo a Bíblia?

- ☐ Assisti
- ☐ Curti
- ☐ Compartilhei

Manhã	**Manhã**	**Manhã**
Tarde	**Tarde**	**Tarde**
Noite	**Noite**	**Noite**
Horas de sono:_____	Horas de sono:_____	Horas de sono:_____

Calendário Semanal

_____	_____	_____	_____
_____	_____	_____	_____
_____	_____	_____	_____

Manhã	Manhã	Manhã	Manhã

Tarde	Tarde	Tarde	Tarde

Noite	Noite	Noite	Noite

Horas de sono: _____ Horas de sono: _____ Horas de sono: _____ Horas de sono: _____

IMPORTANTE!

Calendário Semanal

Manhã	Manhã	Manhã
Tarde	Tarde	Tarde
Noite	Noite	Noite

Tarefas

Video da Semana. Leia o QR Code e confira.

Como fazer o que não consigo fazer?

☐ Assisti
☐ Curti
☐ Compartilhei

Horas de sono:_____ Horas de sono:_____ Horas de sono:_____

Calendário Semanal

_____	_____	_____	_____
_____	_____	_____	_____
_____	_____	_____	_____

Manhã | **Manhã** | **Manhã** | **Manhã**

Tarde | **Tarde** | **Tarde** | **Tarde**

Noite | **Noite** | **Noite** | **Noite**

Horas de sono:_____   Horas de sono:_____   Horas de sono:_____   Horas de sono:_____

Calendário Semanal

Manhã | Manhã | Manhã

Tarde | Tarde | Tarde

Noite | Noite | Noite

Horas de sono: _____   Horas de sono: _____   Horas de sono: _____

IMPORTANTE!

Tarefas

Video da Semana. Leia o QR Code e confira.

Abandone esta mania e sua vida vai decolar!

☐ Assisti
☐ Curti
☐ Compartilhei

PLANEJAMENTO DE DESPESAS

Gastos extras obrigatórios
Tem que pagar, não tem jeito!

Data   Despesa   Valor

____/____   _____   R$ _____
____/____   _____   R$ _____
____/____   _____   R$ _____

Lazer
Divirta-se! Isso faz parte de uma vida saudável, e você merece!

Onde   Com quem   Valor

_____   R$ _____
_____   R$ _____
_____   R$ _____

Livros
Pelo menos um, amiga!

Título/Autor   Valor

_____   R$ _____
_____   R$ _____
_____   R$ _____

Presentes
Quem não ama dar presentes?

Quem   Que dia   Valor

_____   ____/____   R$ _____
_____   ____/____   R$ _____
_____   ____/____   R$ _____

Cartão de Crédito
Cuidado com ele!

Anote aqui quanto você pode gastar no cartão e não ultrapasse o limite.

                                                    Valor

1. _____   R$ _____
2. _____   R$ _____

Outras coisas...
Porque você tem SONHOS!

O que   Valor

_____   R$ _____
_____   R$ _____
_____   R$ _____

ORÇAMENTO MENSAL

Recebimentos

Dia	Descrição	Valor
_____	_____	R$ _____
_____	_____	R$ _____
_____	_____	R$ _____
_____	_____	R$ _____
_____	_____	R$ _____
_____	_____	R$ _____
_____	_____	R$ _____
_____	_____	R$ _____
_____	_____	R$ _____
_____	_____	R$ _____
_____	_____	R$ _____
_____	_____	R$ _____
_____	_____	R$ _____
_____	_____	R$ _____
_____	_____	R$ _____
_____	_____	R$ _____
_____	_____	R$ _____
_____	_____	R$ _____
_____	_____	R$ _____
_____	_____	R$ _____

Como posso AUMENTAR os meus recebimentos?

ORÇAMENTO MENSAL

Pagamentos

Dia	Descrição	Categoria	Valor
___	_____	_____	R$ _____
___	_____	_____	R$ _____
___	_____	_____	R$ _____
___	_____	_____	R$ _____
___	_____	_____	R$ _____
___	_____	_____	R$ _____
___	_____	_____	R$ _____
___	_____	_____	R$ _____
___	_____	_____	R$ _____
___	_____	_____	R$ _____
___	_____	_____	R$ _____
___	_____	_____	R$ _____
___	_____	_____	R$ _____
___	_____	_____	R$ _____
___	_____	_____	R$ _____
___	_____	_____	R$ _____
___	_____	_____	R$ _____
___	_____	_____	R$ _____
___	_____	_____	R$ _____
___	_____	_____	R$ _____
___	_____	_____	R$ _____
___	_____	_____	R$ _____
___	_____	_____	R$ _____
___	_____	_____	R$ _____
___	_____	_____	R$ _____
___	_____	_____	R$ _____
___	_____	_____	R$ _____
___	_____	_____	R$ _____

BALANÇO MENSAL

Total de recebimentos	R$	
Total de despesas	R$	
Saldo positivo ☺	R$	
Saldo negativo ☹	R$	

PLANO DE AÇÃO

Anote aqui o que você vai fazer para que o balanço do mês que vem seja melhor.

_____
_____
_____
_____
_____
_____
_____
_____
_____
_____
_____
_____
_____
_____
_____
_____
_____
_____
_____
_____

RESUMO DE DESPESAS POR CATEGORIA

- Casa
- Estudos
- Comunicação
- Saúde
- Transporte
- Alimentação
- Lazer
- Pessoal
- Investimentos

Notas

Categoria(s) em que devo gastar menos: _____

Categoria(s) em que devo investir mais: _____

Devocional do Mês

Perdoar e estender a mão

"Se o seu irmão pecar contra você, vá e, a sós com ele, mostre-lhe o erro. Se ele o ouvir, você ganhou seu irmão."
Mateus 18:15. (NVI)

A primeira coisa que nós aprendemos com essa passagem é que as pessoas vão agir mal contra nós. E não estamos falando de inimigos, mas de irmãos! Quando isso acontecer, a orientação não é virar a cara, parar de falar com a pessoa ou deixar por isso mesmo. O que devemos fazer é chamá-la para conversar a sós.

O objetivo não é envergonhá-la ou tripudiar sobre ela, mas, sim, se posicionar para ser tratada com mais respeito e, ao mesmo tempo, tentar fazer com que ela mude suas atitudes e seja uma pessoa melhor. Se a pessoa nos ouvir, teremos ganhado aquela pessoa. E se ela não aceitar?

O que precisamos aprender é a manter o foco no que nós devemos fazer e não basear as nossas atitudes nas reações dos outros. Cabe a nós fazer a nossa parte, deixando as demais pessoas livres para escolher o caminho que querem seguir.

Domingo

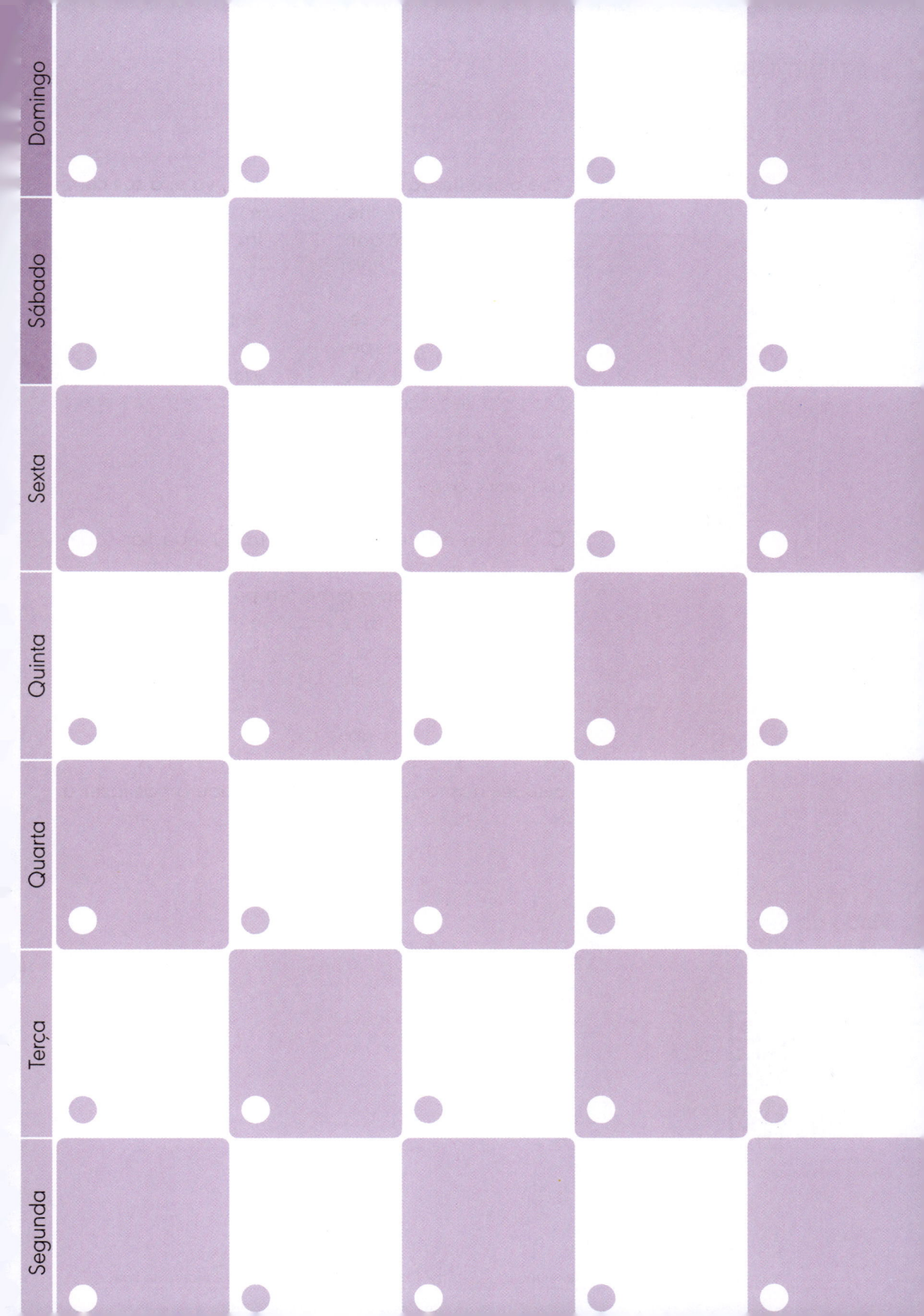

Sábado

Sexta

Quinta

Quarta

Terça

Segunda

Calendário Semanal

IMPORTANTE!

Tarefas

Video da Semana. Leia o QR Code e confira.

O que mais afasta o dinheiro de você!

- ☐ Assisti
- ☐ Curti
- ☐ Compartilhei

Manhã	*Manhã*	*Manhã*
Tarde	*Tarde*	*Tarde*
Noite	*Noite*	*Noite*
Horas de sono:_____	Horas de sono:_____	Horas de sono:_____

Calendário Semanal

Manhã	Manhã	Manhã	Manhã
Tarde	Tarde	Tarde	Tarde
Noite	Noite	Noite	Noite
Horas de sono: _____	Horas de sono: _____	Horas de sono: _____	Horas de sono: _____

Calendário Semanal

IMPORTANTE!

Tarefas

Video da Semana. Leia o QR Code e confira.

Quer mudar mas não consegue?
Faça essas 2 coisas!

☐ *Assisti*
☐ *Curti*
☐ *Compartilhei*

	Manhã	*Manhã*	*Manhã*
	Tarde	*Tarde*	*Tarde*
	Noite	*Noite*	*Noite*
	Horas de sono:_____	Horas de sono:_____	Horas de sono:_____

Calendário Semanal

_____	_____	_____	_____
_____	_____	_____	_____
_____	_____	_____	_____

Manhã | **Manhã** | **Manhã** | **Manhã**

Tarde | **Tarde** | **Tarde** | **Tarde**

Noite | **Noite** | **Noite** | **Noite**

Horas de sono:_____ | Horas de sono:_____ | Horas de sono:_____ | Horas de sono:_____

Calendário Semanal

IMPORTANTE!

Tarefas

Manhã	Manhã	Manhã
Tarde	Tarde	Tarde
Noite	Noite	Noite
Horas de sono:____	Horas de sono:____	Horas de sono:____

Video da Semana. Leia o QR Code e confira.

5 Passagens bíblicas sobre investir e lucrar

☐ Assisti
☐ Curti
☐ Compartilhei

Calendário Semanal

	Manhã	Manhã	Manhã	Manhã
	Tarde	Tarde	Tarde	Tarde
	Noite	Noite	Noite	Noite

Horas de sono:_____   Horas de sono:_____   Horas de sono:_____   Horas de sono:_____

Calendário Semanal

IMPORTANTE!

Tarefas

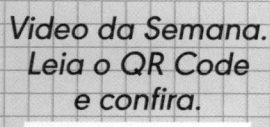

Vídeo da Semana.
Leia o QR Code e confira.

5 regras de ouro do dinheiro!

☐ Assisti
☐ Curti
☐ Compartilhei

Manhã	Manhã	Manhã
Tarde	Tarde	Tarde
Noite	Noite	Noite
Horas de sono:_____	Horas de sono:_____	Horas de sono:_____

Calendário Semanal

Manhã | Manhã | Manhã | Manhã

Tarde | Tarde | Tarde | Tarde

Noite | Noite | Noite | Noite

Horas de sono:_____ Horas de sono:_____ Horas de sono:_____ Horas de sono:_____

Calendário Semanal

IMPORTANTE!

Manhã	Manhã	Manhã

Tarde	Tarde	Tarde

Tarefas

Noite	Noite	Noite

Horas de sono:_____   Horas de sono:_____   Horas de sono:_____

Vídeo da Semana.
Leia o QR Code
e confira.

Como reagir ao "não"

☐ Assisti
☐ Curti
☐ Compartilhei

PLANEJAMENTO DE DESPESAS

Gastos extras obrigatórios
Tem que pagar, não tem jeito!

Data   Despesa   Valor

____/____ _____ R$ _____

____/____ _____ R$ _____

____/____ _____ R$ _____

Lazer
Divirta-se! Isso faz parte de uma vida saudável, e você merece!

Onde   Com quem   Valor

_____ _____ R$ _____

_____ _____ R$ _____

_____ _____ R$ _____

Livros
Pelo menos um, amiga!

Título/Autor   Valor

_____ R$ _____

_____ R$ _____

_____ R$ _____

Presentes
Quem não ama dar presentes?

Quem   Que dia   Valor

_____ ____/____ R$ _____

_____ ____/____ R$ _____

_____ ____/____ R$ _____

Cartão de Crédito
Cuidado com ele!

Anote aqui quanto você pode gastar no cartão e não ultrapasse o limite.

                                 Valor

1. _____ R$ _____

2. _____ R$ _____

Outras coisas...
Porque você tem SONHOS!

O que   Valor

_____ R$ _____

_____ R$ _____

_____ R$ _____

ORÇAMENTO MENSAL

Recebimentos

Dia	Descrição	Valor
_____	_____	R$ _____
_____	_____	R$ _____
_____	_____	R$ _____
_____	_____	R$ _____
_____	_____	R$ _____
_____	_____	R$ _____
_____	_____	R$ _____
_____	_____	R$ _____
_____	_____	R$ _____
_____	_____	R$ _____
_____	_____	R$ _____
_____	_____	R$ _____
_____	_____	R$ _____
_____	_____	R$ _____
_____	_____	R$ _____
_____	_____	R$ _____
_____	_____	R$ _____
_____	_____	R$ _____
_____	_____	R$ _____
_____	_____	R$ _____
_____	_____	R$ _____

Como posso AUMENTAR os meus recebimentos?

ORÇAMENTO MENSAL

Pagamentos

Dia	Descrição	Categoria	Valor
_____	_____	_____	R$ _____
_____	_____	_____	R$ _____
_____	_____	_____	R$ _____
_____	_____	_____	R$ _____
_____	_____	_____	R$ _____
_____	_____	_____	R$ _____
_____	_____	_____	R$ _____
_____	_____	_____	R$ _____
_____	_____	_____	R$ _____
_____	_____	_____	R$ _____
_____	_____	_____	R$ _____
_____	_____	_____	R$ _____
_____	_____	_____	R$ _____
_____	_____	_____	R$ _____
_____	_____	_____	R$ _____
_____	_____	_____	R$ _____
_____	_____	_____	R$ _____
_____	_____	_____	R$ _____
_____	_____	_____	R$ _____
_____	_____	_____	R$ _____
_____	_____	_____	R$ _____
_____	_____	_____	R$ _____
_____	_____	_____	R$ _____
_____	_____	_____	R$ _____
_____	_____	_____	R$ _____
_____	_____	_____	R$ _____
_____	_____	_____	R$ _____
_____	_____	_____	R$ _____

BALANÇO MENSAL

Total de recebimentos		R$	
Total de despesas		R$	
Saldo positivo	☺	R$	
Saldo negativo	☹	R$	

PLANO DE AÇÃO

Anote aqui o que você vai fazer para que o balanço do mês que vem seja melhor.

_____
_____
_____
_____
_____
_____
_____
_____
_____
_____
_____
_____
_____
_____
_____
_____
_____
_____
_____
_____
_____

RESUMO DE DESPESAS POR CATEGORIA

Casa
Estudos
Comunicação
Saúde
Transporte
Alimentação
Lazer
Pessoal
Investimentos

Notas

Categoria(s) em que devo gastar menos: _____

Categoria(s) em que devo investir mais: _____

Devocional do Mês

Quando falta juízo, falta dinheiro

"Passei pelo campo do preguiçoso, pela vinha do homem sem juízo; havia espinheiros por toda parte, o chão estava coberto de ervas daninhas e o muro de pedras estava em ruínas."
Provérbios 24:30-31 (NVI)

Muita gente acredita que a falta de dinheiro vem da falta de oportunidades, mas não é o que a Bíblia e as estatísticas oficiais dizem. Aqui vemos um homem que tinha um campo e uma vinha, mas em vez de se sustentar por meio deles, o campo estava em péssimas condições e o muro que deveria proteger a sua propriedade estava em ruínas.

Quantas pessoas estão empregadas, mas não fazem o seu trabalho como deveriam por pura preguiça? Quantas estão recebendo seus salários em dia, mas torram tudo por não terem juízo? E quantas estão desempregadas, mas em vez de buscarem uma nova colocação, ficam de papo para o ar esperando que o emprego bata à sua porta?

A verdade é que todas nós temos um campo e uma vinha, ou seja, talentos e habilidades. Se estivermos alertas, sem preguiça e não agirmos como quem não tem juízo, veremos que as oportunidades estão em todo lugar.

É nosso dever respeitar o tempo, trabalhar com empenho, não cedermos à preguiça, sabendo que é preciso aprender e melhorar sempre.

Domingo

Sábado

Sexta

Quinta

Quarta

Terça

Segunda

Calendário Semanal

IMPORTANTE!

Tarefas

Video da Semana. Leia o QR Code e confira.

Como desenvolver a resiliência

☐ *Assisti*
☐ *Curti*
☐ *Compartilhei*

Manhã	**Manhã**	**Manhã**
Tarde	**Tarde**	**Tarde**
Noite	**Noite**	**Noite**
Horas de sono:____	Horas de sono:____	Horas de sono:____

Calendário Semanal

_____	_____	_____	_____
_____	_____	_____	_____
_____	_____	_____	_____

Manhã | Manhã | Manhã | Manhã

Tarde | Tarde | Tarde | Tarde

Noite | Noite | Noite | Noite

Horas de sono:_____ | Horas de sono:_____ | Horas de sono:_____ | Horas de sono:_____

Calendário Semanal

IMPORTANTE!

Tarefas

Video da Semana. Leia o QR Code e confira.

A importância de se isolar

- ☐ Assisti
- ☐ Curti
- ☐ Compartilhei

Manhã	Manhã	Manhã
Tarde	Tarde	Tarde
Noite	Noite	Noite
Horas de sono:_____	Horas de sono:_____	Horas de sono:_____

Calendário Semanal

Manhã | Manhã | Manhã | Manhã

Tarde | Tarde | Tarde | Tarde

Noite | Noite | Noite | Noite

Horas de sono:_____ | Horas de sono:_____ | Horas de sono:_____ | Horas de sono:_____

Calendário Semanal

IMPORTANTE!

_____	_____	_____
_____	_____	_____
_____	_____	_____

Manhã | Manhã | Manhã

Tarde | Tarde | Tarde

Noite | Noite | Noite

Horas de sono:_____   Horas de sono:_____   Horas de sono:_____

Tarefas

Vídeo da Semana. Leia o QR Code e confira.

3 princípios da Lei da Semeadura

☐ Assisti
☐ Curti
☐ Compartilhei

Calendário Semanal

	Manhã	Manhã	Manhã	Manhã

Tarde | **Tarde** | **Tarde** | **Tarde**

Noite | **Noite** | **Noite** | **Noite**

Horas de sono:_____   Horas de sono:_____   Horas de sono:_____   Horas de sono:_____

Calendário Semanal

IMPORTANTE!

Tarefas

Video da Semana. Leia o QR Code e confira.

Os 7 pecados mortais da fala

☐ Assisti
☐ Curti
☐ Compartilhei

Manhã	Manhã	Manhã
Tarde	Tarde	Tarde
Noite	Noite	Noite
Horas de sono:____	Horas de sono:____	Horas de sono:____

Calendário Semanal

Manhã	*Manhã*	*Manhã*	*Manhã*
Tarde	*Tarde*	*Tarde*	*Tarde*
Noite	*Noite*	*Noite*	*Noite*

Horas de sono: _____   Horas de sono: _____   Horas de sono: _____   Horas de sono: _____

Calendário Semanal

IMPORTANTE!

Manhã	Manhã	Manhã

Tarde	Tarde	Tarde

Noite	Noite	Noite

Horas de sono: _____   Horas de sono: _____   Horas de sono: _____

Tarefas

**Vídeo da Semana.
Leia o QR Code
e confira.**

6 princípios bíblicos que enriquecem

☐ Assisti
☐ Curti
☐ Compartilhei

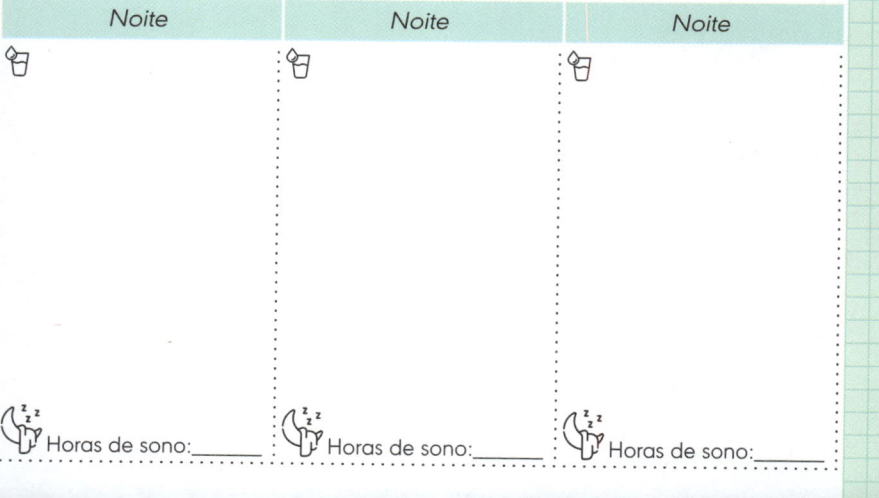

PLANEJAMENTO DE DESPESAS

Gastos extras obrigatórios
Tem que pagar, não tem jeito!

Data	Despesa	Valor
___/___	_____	R$ _____
___/___	_____	R$ _____
___/___	_____	R$ _____

Lazer
Divirta-se! Isso faz parte de uma vida saudável, e você merece!

Onde	Com quem	Valor
_____	_____	R$ _____
_____	_____	R$ _____
_____	_____	R$ _____

Livros
Pelo menos um, amiga!

Título/Autor — Valor

_____ R$ _____
_____ R$ _____
_____ R$ _____

Presentes
Quem não ama dar presentes?

Quem	Que dia	Valor
_____	___/___	R$ _____
_____	___/___	R$ _____
_____	___/___	R$ _____

Cartão de Crédito
Cuidado com ele!

Anote aqui quanto você pode gastar no cartão e não ultrapasse o limite.

Valor

1. _____ R$ _____
2. _____ R$ _____

Outras coisas...
Porque você tem SONHOS!

O que — Valor

_____ R$ _____
_____ R$ _____
_____ R$ _____

ORÇAMENTO MENSAL

Recebimentos

Dia	Descrição	Valor
_____	_____	R$ _____
_____	_____	R$ _____
_____	_____	R$ _____
_____	_____	R$ _____
_____	_____	R$ _____
_____	_____	R$ _____
_____	_____	R$ _____
_____	_____	R$ _____
_____	_____	R$ _____
_____	_____	R$ _____
_____	_____	R$ _____
_____	_____	R$ _____
_____	_____	R$ _____
_____	_____	R$ _____
_____	_____	R$ _____
_____	_____	R$ _____
_____	_____	R$ _____
_____	_____	R$ _____
_____	_____	R$ _____
_____	_____	R$ _____
_____	_____	R$ _____

Como posso AUMENTAR os meus recebimentos?

ORÇAMENTO MENSAL

Pagamentos

Dia	Descrição	Categoria	Valor
_____	_____	_____	R$ _____
_____	_____	_____	R$ _____
_____	_____	_____	R$ _____
_____	_____	_____	R$ _____
_____	_____	_____	R$ _____
_____	_____	_____	R$ _____
_____	_____	_____	R$ _____
_____	_____	_____	R$ _____
_____	_____	_____	R$ _____
_____	_____	_____	R$ _____
_____	_____	_____	R$ _____
_____	_____	_____	R$ _____
_____	_____	_____	R$ _____
_____	_____	_____	R$ _____
_____	_____	_____	R$ _____
_____	_____	_____	R$ _____
_____	_____	_____	R$ _____
_____	_____	_____	R$ _____
_____	_____	_____	R$ _____
_____	_____	_____	R$ _____
_____	_____	_____	R$ _____
_____	_____	_____	R$ _____
_____	_____	_____	R$ _____
_____	_____	_____	R$ _____
_____	_____	_____	R$ _____
_____	_____	_____	R$ _____
_____	_____	_____	R$ _____
_____	_____	_____	R$ _____

BALANÇO MENSAL

Total de recebimentos	R$	
Total de despesas	R$	
Saldo positivo ☺	R$	
Saldo negativo ☹	R$	

PLANO DE AÇÃO

Anote aqui o que você vai fazer para que o balanço do mês que vem seja melhor.

_____
_____
_____
_____
_____
_____
_____
_____
_____
_____
_____
_____
_____
_____
_____
_____
_____
_____
_____

RESUMO DE DESPESAS POR CATEGORIA

- Casa
- Estudos
- Comunicação
- Saúde
- Transporte
- Alimentação
- Lazer
- Pessoal
- Investimentos

Notas

Categoria(s) em que devo gastar menos: _____

Categoria(s) em que devo investir mais: _____

Devocional do Mês

Não se engane com discursos, foque nas ações

"Olhei, e diante de mim estava um cavalo branco. Seu cavaleiro empunhava um arco, e foi-lhe dada uma coroa; ele cavalgava como vencedor, determinado a vencer."
Apocalipse 6:2 (NVI)

O Apocalipse é um livro emblemático, cheio de símbolos e que requer uma leitura atenta e espiritual. Por outro lado, é o único livro da Bíblia que traz uma promessa para aqueles que o leem: "Feliz aquele que lê as palavras desta profecia e felizes aqueles que ouvem e guardam o que nela está escrito; porque o tempo está próximo." (1:3)

Essa passagem do cavalo branco se refere à chegada do anticristo, que vem com a cor que simboliza a paz e um arco sem flechas, que também remete à paz. Porém, esse cavaleiro irá promover uma falsa paz. Nos dias de hoje, como a Bíblia previu, já podemos ver a preparação do cenário para essa falsa paz.

Vemos que os países estão se armando mais do que nunca: armas nucleares, biológicas e até a criação de robôs que poderão facilmente serem usados nas guerras, afinal, eles não morrem!

Não devemos nos enganar com os discursos de paz que diversos líderes mundiais estão falando, mas devemos focar no que eles estão fazendo. Afinal, quem se arma dessa forma está buscando paz ou guerra? Estejamos alertas, pois "o tempo está próximo".

Domingo

Sábado

Sexta

Quinta

Quarta

Terça

Segunda

Calendário Semanal

IMPORTANTE!

Tarefas

Video da Semana. Leia o QR Code e confira.

Ser esforçado é o suficiente?

☐ Assisti
☐ Curti
☐ Compartilhei

_____	_____	_____
_____	_____	_____
_____	_____	_____
Manhã	**Manhã**	**Manhã**
Tarde	**Tarde**	**Tarde**
Noite	**Noite**	**Noite**
Horas de sono：_____	Horas de sono：_____	Horas de sono：_____

Calendário Semanal

_____	_____	_____	_____
_____	_____	_____	_____

Manhã | Manhã | Manhã | Manhã

Tarde | Tarde | Tarde | Tarde

Noite | Noite | Noite | Noite

Horas de sono:_____   Horas de sono:_____   Horas de sono:_____   Horas de sono:_____

Calendário Semanal

IMPORTANTE!

Tarefas

Video da Semana. Leia o QR Code e confira.

O segredo do sucesso é...

☐ Assisti
☐ Curti
☐ Compartilhei

Manhã	Manhã	Manhã
Tarde	Tarde	Tarde
Noite	Noite	Noite
Horas de sono: _____	Horas de sono: _____	Horas de sono: _____

Calendário Semanal

_____	_____	_____	_____
_____	_____	_____	_____
_____	_____	_____	_____

Manhã	*Manhã*	*Manhã*	*Manhã*

Tarde	*Tarde*	*Tarde*	*Tarde*

Noite	*Noite*	*Noite*	*Noite*

Horas de sono:_____ Horas de sono:_____ Horas de sono:_____ Horas de sono:_____

IMPORTANTE!

Calendário Semanal

Manhã	Manhã	Manhã
Tarde	Tarde	Tarde
Noite	Noite	Noite
Horas de sono: _____	Horas de sono: _____	Horas de sono: _____

Tarefas

**Video da Semana.
Leia o QR Code
e confira.**

Boletos falsos: como reconhecer

- ☐ Assisti
- ☐ Curti
- ☐ Compartilhei

Calendário Semanal

Manhã	**Manhã**	**Manhã**	**Manhã**
Tarde	**Tarde**	**Tarde**	**Tarde**
Noite	**Noite**	**Noite**	**Noite**

Horas de sono: _____   Horas de sono: _____   Horas de sono: _____   Horas de sono: _____

Calendário Semanal

IMPORTANTE!

Tarefas

Video da Semana. Leia o QR Code e confira.

Namorados devem se ajudar financeiramente?

☐ Assisti
☐ Curti
☐ Compartilhei

Manhã	Manhã	Manhã
Tarde	Tarde	Tarde
Noite	Noite	Noite

Horas de sono: _____   Horas de sono: _____   Horas de sono: _____

Calendário Semanal

_____	_____	_____	_____
_____	_____	_____	_____

Manhã	Manhã	Manhã	Manhã

Tarde	Tarde	Tarde	Tarde

Noite	Noite	Noite	Noite

Horas de sono:_____   Horas de sono:_____   Horas de sono:_____   Horas de sono:_____

Calendário Semanal

IMPORTANTE!

Manhã | Manhã | Manhã

Tarde | Tarde | Tarde

Noite | Noite | Noite

Horas de sono: ____   Horas de sono: ____   Horas de sono: ____

Tarefas

Video da Semana. Leia o QR Code e confira.

Ela paga tudo, ele não se mexe!

☐ Assisti
☐ Curti
☐ Compartilhei

PLANEJAMENTO DE DESPESAS

Gastos extras obrigatórios
Tem que pagar, não tem jeito!

Data   Despesa   Valor

___/___ _____ R$ _____
___/___ _____ R$ _____
___/___ _____ R$ _____

Lazer
Divirta-se! Isso faz parte de uma vida saudável, e você merece!

Onde   Com quem   Valor

_____ _____ R$ _____
_____ _____ R$ _____
_____ _____ R$ _____

Livros
Pelo menos um, amiga!

Título/Autor   Valor

_____ R$ _____
_____ R$ _____
_____ R$ _____

Presentes
Quem não ama dar presentes?

Quem   Que dia   Valor

_____ ___/___ R$ _____
_____ ___/___ R$ _____
_____ ___/___ R$ _____

Cartão de Crédito
Cuidado com ele!

Anote aqui quanto você pode gastar no cartão e não ultrapasse o limite.

                                         Valor

1. _____ R$ _____
2. _____ R$ _____

Outras coisas...
Porque você tem SONHOS!

O que   Valor

_____ R$ _____
_____ R$ _____
_____ R$ _____

ORÇAMENTO MENSAL

Recebimentos

Dia	Descrição	Valor
___	_____	R$ _____
___	_____	R$ _____
___	_____	R$ _____
___	_____	R$ _____
___	_____	R$ _____
___	_____	R$ _____
___	_____	R$ _____
___	_____	R$ _____
___	_____	R$ _____
___	_____	R$ _____
___	_____	R$ _____
___	_____	R$ _____
___	_____	R$ _____
___	_____	R$ _____
___	_____	R$ _____
___	_____	R$ _____
___	_____	R$ _____
___	_____	R$ _____
___	_____	R$ _____
___	_____	R$ _____
___	_____	R$ _____
___	_____	R$ _____

Como posso AUMENTAR os meus recebimentos?

ORÇAMENTO MENSAL

Pagamentos

Dia	Descrição	Categoria	Valor
_____	_____	_____	R$ _____
_____	_____	_____	R$ _____
_____	_____	_____	R$ _____
_____	_____	_____	R$ _____
_____	_____	_____	R$ _____
_____	_____	_____	R$ _____
_____	_____	_____	R$ _____
_____	_____	_____	R$ _____
_____	_____	_____	R$ _____
_____	_____	_____	R$ _____
_____	_____	_____	R$ _____
_____	_____	_____	R$ _____
_____	_____	_____	R$ _____
_____	_____	_____	R$ _____
_____	_____	_____	R$ _____
_____	_____	_____	R$ _____
_____	_____	_____	R$ _____
_____	_____	_____	R$ _____
_____	_____	_____	R$ _____
_____	_____	_____	R$ _____
_____	_____	_____	R$ _____
_____	_____	_____	R$ _____
_____	_____	_____	R$ _____
_____	_____	_____	R$ _____
_____	_____	_____	R$ _____
_____	_____	_____	R$ _____
_____	_____	_____	R$ _____
_____	_____	_____	R$ _____

BALANÇO MENSAL

Total de recebimentos	R$	
Total de despesas	R$	
Saldo positivo ☺	R$	
Saldo negativo ☹	R$	

PLANO DE AÇÃO

Anote aqui o que você vai fazer para que o balanço do mês que vem seja melhor.

_____
_____
_____
_____
_____
_____
_____
_____
_____
_____
_____
_____
_____
_____
_____
_____
_____

RESUMO DE DESPESAS POR CATEGORIA

- Casa
- Estudos
- Comunicação
- Saúde
- Transporte
- Alimentação
- Lazer
- Pessoal
- Investimentos

Notas

Categoria(s) em que devo gastar menos: _____

Categoria(s) em que devo investir mais: _____

Devocional do Mês

Deus não demora, Ele capricha

"O Senhor não demora em cumprir a sua promessa, como julgam alguns. Pelo contrário, Ele é paciente com vocês, não querendo que ninguém pereça, mas que todos cheguem ao arrependimento."
2Pedro 3:9 (NVI)

Imagine que duas pessoas comprem cada uma um terreno para construir sua casa própria e contratem o mesmo construtor para as duas obras. O construtor vê que um dos terrenos já está plano, limpo e pronto para receber as fundações. Mas o outro está desnivelado, cheio de buracos e lotado de entulho.

Apesar de as duas pessoas terem feito a mesma coisa e terem a mesma expectativa, as obras não vão acontecer no mesmo ritmo. A obra no terreno preparado será mais rápida que a do terreno que ainda precisa ser preparado. E essa demora não tem nada a ver com o construtor, mas com o estado do terreno.

O mesmo acontece com cada uma de nós: quando nosso "terreno" está preparado, Deus começa sua obra imediatamente. No entanto, quando não está, Ele terá de preparar o terreno primeiro, o que vai requerer mais tempo.

Por isso, antes de considerar que Deus está demorando para começar a obra que você tanto espera, prepare o seu terreno para agilizar o processo!

Domingo

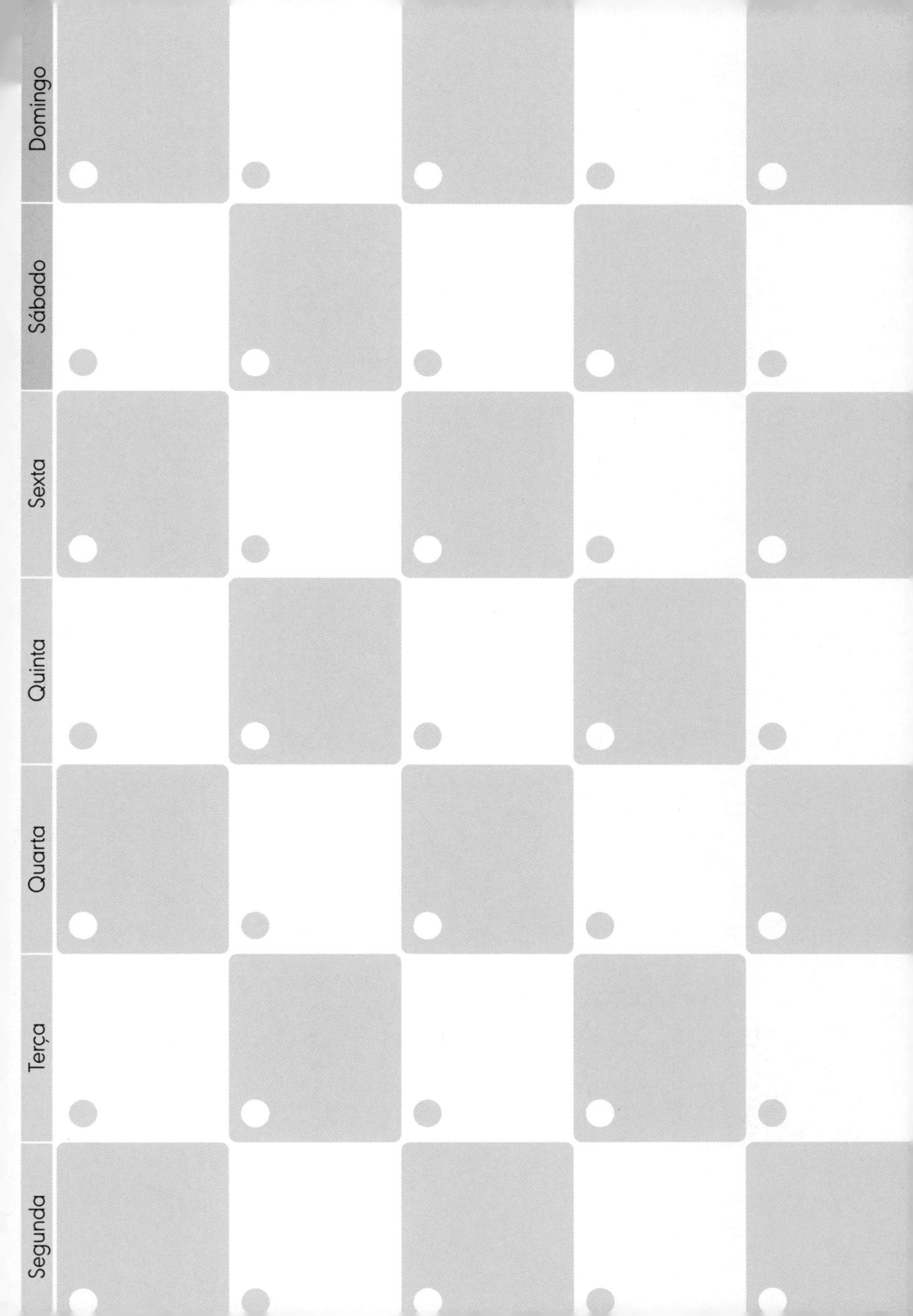

Sábado

Sexta

Quinta

Quarta

Terça

Segunda

IMPORTANTE!

Calendário Semanal

_____	_____	_____
_____	_____	_____
_____	_____	_____
Manhã	**Manhã**	**Manhã**
🥛 🥛 🥛 🥛	🥛 🥛 🥛 🥛	🥛 🥛 🥛 🥛
Tarde	**Tarde**	**Tarde**
🥛 🥛 🥛	🥛 🥛 🥛	🥛 🥛 🥛
Noite	**Noite**	**Noite**
🥛	🥛	🥛
💤 Horas de sono:_____	💤 Horas de sono:_____	💤 Horas de sono:_____

Tarefas

**Video da Semana.
Leia o QR Code
e confira.**

3 palavras que mudarão sua
vida para sempre:

☐ *Assisti*
☐ *Curti*
☐ *Compartilhei*

Calendário Semanal

_____	_____	_____	_____
_____	_____	_____	_____
_____	_____	_____	_____

Manhã	Manhã	Manhã	Manhã
🥛 🥛 🥛 🥛	🥛 🥛 🥛 🥛	🥛 🥛 🥛 🥛	🥛 🥛 🥛 🥛

Tarde	Tarde	Tarde	Tarde
🥛 🥛 🥛	🥛 🥛 🥛	🥛 🥛 🥛	🥛 🥛 🥛

Noite	Noite	Noite	Noite
🥛	🥛	🥛	🥛

Horas de sono:_____ | Horas de sono:_____ | Horas de sono:_____ | Horas de sono:_____

Calendário Semanal

IMPORTANTE!

Tarefas

Video da Semana.
Leia o QR Code
e confira.

3 motivos que fazem você viver endividado

☐ Assisti
☐ Curti
☐ Compartilhei

Manhã	Manhã	Manhã
Tarde	Tarde	Tarde
Noite	Noite	Noite
Horas de sono:_____	Horas de sono:_____	Horas de sono:_____

Calendário Semanal

Manhã	*Manhã*	*Manhã*	*Manhã*
Tarde	*Tarde*	*Tarde*	*Tarde*
Noite	*Noite*	*Noite*	*Noite*

Horas de sono: _____   Horas de sono: _____   Horas de sono: _____   Horas de sono: _____

Calendário Semanal

IMPORTANTE!

Tarefas

Video da Semana.
Leia o QR Code
e confira.

4 conselhos para prosperar

☐ *Assisti*
☐ *Curti*
☐ *Compartilhei*

Manhã	Manhã	Manhã
Tarde	Tarde	Tarde
Noite	Noite	Noite

Horas de sono:_____   Horas de sono:_____   Horas de sono:_____

Calendário Semanal

_____	_____	_____	_____
_____	_____	_____	_____
_____	_____	_____	_____

Manhã	Manhã	Manhã	Manhã

Tarde	Tarde	Tarde	Tarde

Noite	Noite	Noite	Noite

Horas de sono: _____   Horas de sono: _____   Horas de sono: _____   Horas de sono: _____

IMPORTANTE!

Tarefas

Video da Semana. Leia o QR Code e confira.

10 mini-hábitos que mudarão seu 2023 (serve para 2024!)

☐ *Assisti*
☐ *Curti*
☐ *Compartilhei*

Calendário Semanal

Manhã	Manhã	Manhã

Tarde	Tarde	Tarde

Noite	Noite	Noite

Horas de sono:_____ | Horas de sono:_____ | Horas de sono:_____

Calendário Semanal

Manhã	**Manhã**	**Manhã**	**Manhã**
Tarde	**Tarde**	**Tarde**	**Tarde**
Noite	**Noite**	**Noite**	**Noite**
Horas de sono:____	Horas de sono:____	Horas de sono:____	Horas de sono:____

Calendário Semanal

Manhã	**Manhã**	**Manhã**
Tarde	**Tarde**	**Tarde**
Noite	**Noite**	**Noite**

Horas de sono:_____   Horas de sono:_____   Horas de sono:_____

IMPORTANTE!

Tarefas

Video da Semana. Leia o QR Code e confira.

Planejamento para 2023 em 5 passos (serve para 2024!)

☐ Assisti
☐ Curti
☐ Compartilhei

PLANEJAMENTO DE DESPESAS

Gastos extras obrigatórios
Tem que pagar, não tem jeito!

Data	Despesa	Valor
___/___	_____	R$ _____
___/___	_____	R$ _____
___/___	_____	R$ _____

Lazer
Divirta-se! Isso faz parte de uma vida saudável, e você merece!

Onde	Com quem	Valor
_____	_____	R$ _____
_____	_____	R$ _____
_____	_____	R$ _____

Livros
Pelo menos um, amiga!

Título/Autor — Valor

_____ R$ _____
_____ R$ _____
_____ R$ _____

Presentes
Quem não ama dar presentes?

Quem	Que dia	Valor
_____	___/___	R$ _____
_____	___/___	R$ _____
_____	___/___	R$ _____

Cartão de Crédito
Cuidado com ele!

Anote aqui quanto você pode gastar no cartão e não ultrapasse o limite.

Valor

1. _____ R$ _____
2. _____ R$ _____

Outras coisas...
Porque você tem SONHOS!

O que — Valor

_____ R$ _____
_____ R$ _____
_____ R$ _____

ORÇAMENTO MENSAL

Recebimentos

Dia	Descrição	Valor
_____	_____	R$ _____
_____	_____	R$ _____
_____	_____	R$ _____
_____	_____	R$ _____
_____	_____	R$ _____
_____	_____	R$ _____
_____	_____	R$ _____
_____	_____	R$ _____
_____	_____	R$ _____
_____	_____	R$ _____
_____	_____	R$ _____
_____	_____	R$ _____
_____	_____	R$ _____
_____	_____	R$ _____
_____	_____	R$ _____
_____	_____	R$ _____
_____	_____	R$ _____
_____	_____	R$ _____
_____	_____	R$ _____
_____	_____	R$ _____

Como posso AUMENTAR os meus recebimentos?

ORÇAMENTO MENSAL

Pagamentos

Dia	Descrição	Categoria	Valor
___	_____	_____	R$ _____
___	_____	_____	R$ _____
___	_____	_____	R$ _____
___	_____	_____	R$ _____
___	_____	_____	R$ _____
___	_____	_____	R$ _____
___	_____	_____	R$ _____
___	_____	_____	R$ _____
___	_____	_____	R$ _____
___	_____	_____	R$ _____
___	_____	_____	R$ _____
___	_____	_____	R$ _____
___	_____	_____	R$ _____
___	_____	_____	R$ _____
___	_____	_____	R$ _____
___	_____	_____	R$ _____
___	_____	_____	R$ _____
___	_____	_____	R$ _____
___	_____	_____	R$ _____
___	_____	_____	R$ _____
___	_____	_____	R$ _____
___	_____	_____	R$ _____
___	_____	_____	R$ _____
___	_____	_____	R$ _____
___	_____	_____	R$ _____
___	_____	_____	R$ _____
___	_____	_____	R$ _____
___	_____	_____	R$ _____

BALANÇO MENSAL

Total de recebimentos	R$	
Total de despesas	R$	
Saldo positivo ☺	R$	
Saldo negativo ☹	R$	

PLANO DE AÇÃO

Anote aqui o que você vai fazer para que o balanço do mês que vem seja melhor.

_____
_____
_____
_____
_____
_____
_____
_____
_____
_____
_____
_____
_____
_____
_____
_____
_____
_____
_____

RESUMO DE DESPESAS POR CATEGORIA

Casa
Estudos
Comunicação
Saúde
Transporte
Alimentação
Lazer
Pessoal
Investimentos

Notas

Categoria(s) em que devo gastar menos: _____
Categoria(s) em que devo investir mais: _____

Devocional do Mês

Excelência no que faz

*"Tudo o que fizerem, façam de todo o coração, como para o Senhor, e não para os homens, sabendo que receberão do Senhor a recompensa da herança.
É a Cristo, o Senhor, que vocês estão servindo."*
Colossenses 3:23-24 (NVI)

Imagine se todas as pessoas executassem seu trabalho como a passagem aconselha: de todo o coração, como se fizessem para Jesus! Ninguém faria corpo mole nem ficaria enrolando até dar a hora de ir embora, muito menos reclamando o tempo todo. Que sonho!

No entanto, apesar de ser um sonho distante quando se pensa na sociedade em geral, isso deve ser realidade para todos aqueles que servem a Deus. Com um detalhe importantíssimo:

A Bíblia não diz que devemos fazer o melhor quando a empresa merece, quando nossos superiores são bacanas ou quando temos um salário alto. Nós devemos fazer o melhor ainda que estejamos trabalhando com pessoas incrédulas, mal-educadas e mesmo diante da falta de reconhecimento.

Isso porque é o Senhor que vai nos recompensar pelo que fazemos. E como não há ninguém mais generoso do que o nosso Deus, ainda que pareça que estamos perdendo, na verdade, vamos sempre sair ganhando.

BALANÇO ANUAL

Anote em cada espaço o resultado de cada mês: quanto recebeu e quanto gastou. No espaço "Resultado", coloque quanto sobrou ou faltou.

1º Mês
Mês:
Recebi R$
Gastei R$
Resultado R$
☐ ☺   ☐ ☹

2º Mês
Mês:
Recebi R$
Gastei R$
Resultado R$
☐ ☺   ☐ ☹

3º Mês
Mês:
Recebi R$
Gastei R$
Resultado R$
☐ ☺   ☐ ☹

4º Mês
Mês:
Recebi R$
Gastei R$
Resultado R$
☐ ☺   ☐ ☹

5º Mês
Mês:
Recebi R$
Gastei R$
Resultado R$
☐ ☺   ☐ ☹

6º Mês
Mês:
Recebi R$
Gastei R$
Resultado R$
☐ ☺   ☐ ☹

7º Mês
Mês:
Recebi R$
Gastei R$
Resultado R$
☐ ☺   ☐ ☹

8º Mês
Mês:
Recebi R$
Gastei R$
Resultado R$
☐ ☺   ☐ ☹

9º Mês
Mês:
Recebi R$
Gastei R$
Resultado R$
☐ ☺   ☐ ☹

10º Mês
Mês:
Recebi R$
Gastei R$
Resultado R$
☐ ☺   ☐ ☹

11º Mês
Mês:
Recebi R$
Gastei R$
Resultado R$
☐ ☺   ☐ ☹

12º Mês
Mês:
Recebi R$
Gastei R$
Resultado R$
☐ ☺   ☐ ☹

Minhas maiores conquistas

Meus maiores desafios
(E o que aprendi com eles)

PROJETOS FUTUROS

Sou grata por...

"Até aqui nos ajudou o SENHOR" - 1Samuel 7:12

Life Planner
Copyright© 2023 por Patricia Lages

1ª edição: dezembro de 2023

REVISÃO
Francine Torres (provas)

PROJETO GRÁFICO E DIAGRAMAÇÃO
Overdrive Graphic Design Co.

CAPA
Julio Carvalho

EDITOR
Aldo Menezes

COORDENADOR DE PRODUÇÃO
Mauro Terrengui

IMPRESSÃO E ACABAMENTO
Imprensa da Fé

As opiniões, as interpretações e os conceitos emitidos nesta obra são de responsabilidade da autora e não refletem necessariamente o ponto de vista da Hagnos.

Todos os direitos desta edição reservados à
EDITORA HAGNOS LTDA.
Rua Geraldo Flausino Gomes, 42, conj. 41
CEP 04575-060 — São Paulo, SP
Tel.: (11) 5990-3308

E-mail: hagnos@hagnos.com.br
Home page: www.hagnos.com.br

Editora associada à:

Dedico este planner à minha prima/irmã Eloisa Lages. Montei um "escritório" por várias semanas no hospital onde ela lutou bravamente contra um câncer e uma das coisas que ela mais gostava de fazer era acompanhar o que eu estava produzindo, vibrando com cada projeto como se fosse seu, sempre trazendo ideias e sugestões. Eloisa nos deixou, mas seu entusiasmo continua conosco. Obrigada por tudo!

Dados Internacionais de Catalogação na Publicação (CIP)
Angélica Ilacqua CRB-8/7057

Lages, Patricia
Life Planner. Patricia Lages. — São Paulo: Hagnos, 2023.

ISBN 978-85-7742-469-6 (capa Estilo)
ISBN 978-85-7742-472-6 (capa Organização)

1. Agendas – Planejamento 2. Desenvolvimento pessoal 3. Autoconhecimento 4. Finanças 5. Empreendedorismo I. Título

23-6445   CDD 808.883

Índices para catálogo sistemático:
Agendas — Planejamento